債轉股的
公司治理效應

以中國國有事業為例

李志軍 編著

財經錢線

序

　　國有企業是中國的經濟支柱。20世紀的國有企業經營並不是太好，1998年的亞洲金融危機進一步加劇了國有企業的困難，有不少國有企業舉步維艱，甚至瀕臨資不抵債，其中的「債」絕大部分為國有商業銀行貸款。為盤活商業銀行的不良資產，幫助國有企業扭虧為盈，轉換經營機制，1999年國務院頒布了《關於實施債權轉股權若干問題的意見》，正式掀開了中國第一輪大規模「債轉股」的序幕。

　　必須充分認識到，債轉股不只是一種「化債」手段，更是中國國有企業改制的重大配套機制。債轉股不僅受到政府各部門和金融機構的高度關注，也激發了包括作者李志軍博士在內的學者們的濃厚興趣。本書在充分閱讀相關文獻的基礎上，以代理理論、投資理論、融資理論和激勵

理論為理論基礎，以 1999—2008 年滬深 A 股上市公司為觀察樣本，從投資效率、融資結構和高管激勵三個方面具體分析和檢驗了債轉股的公司治理效應，既為債轉股對公司治理和信貸配置的影響提供了經驗證據，也為債轉股是如何影響公司治理的路徑提供了證據；同時又以公司價值（財務指標和市場指標）這一綜合指標來檢驗了債轉股影響公司治理的綜合結果和對公司價值的影響途徑。

現有研究文獻大多集中於規範性判斷分析，部分文獻也採用了個案、典型/區域調查的形式進行了債轉股的經濟後果分析，卻並沒有系統性地提供債轉股影響公司治理的分析框架和理論基礎，經驗檢驗上既極少有文獻去研究以債轉股為代表的金融機構持股對公司經營績效變化的具體驅動因素，也沒有研究因債轉股而致使銀行直接持有公司股權對公司經營行為和銀行信貸配置的影響，更沒有提供大樣本的經驗檢驗證據。

從公司治理的角度來看，一方面，股權集中被認為是約束內部人控制的一種有效手段，另一方面，股權集中後控股股東借助控制權也可能侵占債權人和中小投資者的利益，故股權集中與股權分散的平衡在保護債權人和中小投資者利益面前是國有企業改制需要考慮的重大問題。提高債務治理是約束中國企業兩大公司治理問題的重要途徑，

與債務在西方成熟金融市場上積極的治理效應相比，中國較為特殊的制度環境約束了債務治理效應的積極作用。本書一方面分析了股權結構平衡下的股權分散對公司治理的邊際效應，另一方面也分析了債轉股對債務治理的作用機制，豐富了股權和債務治理的相關文獻。

銀行信貸一直是中國企業債務資金的主要來源。信貸資金融出方的銀行與融入方的企業之間的關係如何也就成為影響信貸配置效率和保障信貸安全的重要因素。債轉股改變了中國銀行與企業之間的單純債權人與債務人之間的關係。本書研究了銀行股東與債權人的二重身分對銀企關係的影響，以及這種影響對信貸配置的作用，從而為股權型銀企關係對信貸配置的影響提供了經驗證據，豐富和拓展了中國銀企關係方面的文獻。

此外，現有財務理論和相關文獻認為，由於債權人和股東的風險偏好不同，其利益也存在差異，從而導致企業的投資行為和融資行為與價值最大化方向出現偏差。本書從集股東和債權人雙重身分於一身出發，研究債轉股對公司投資、融資行為與結果的影響，豐富了投融資的相關文獻。

綜上所述，本書作者的會計學及相關學科的基礎理論知識系統、紮實，運用規範與實證相結合的方法，對中國

發生的第一輪債轉股對公司治理的影響進行系統深入的專題研究，治學嚴謹，取得了若干理論創新，也為債轉股、公司治理、國企改革提供一定經驗證據和對策支持。

王善平

前言

　　長期以來，國有企業改革是中國經濟轉型過程中的核心問題。20世紀80年代初以來，以「放權讓利」為主旋律的國有企業改革已將絕大多數的生產經營決策權從政府轉移至企業，並推動中國經濟快速發展。但在1998年的金融危機中，國有企業大面積虧損和銀行信貸巨額不良資產推動政府實施了以債轉股為代表的國有企業改革政策。1999年國務院公布《關於實施債權轉股權若干問題的意見》，並推薦601戶債轉股企業，建議金額達4,596億元。債轉股作為中國國有企業改制的重大配套措施，其對信貸資源配置和國有企業公司治理的效應受到政府各部門和金融機構的極大關注。

　　本書以1999—2008年中國滬深A股上市公司為觀察樣本，從理論和經驗上系統研究債轉股對公司治理的效應。全書主要內容如下：

首先,概述了與公司治理相關的代理理論、投資理論、融資理論和激勵理論等,為後文分析債轉股問題提供了理論基礎和分析思路;其次,基於投資效率、融資結構和高管激勵三個方面具體分析和檢驗了債轉股的公司治理效應,既為債轉股對公司治理和信貸配置的影響提供了經驗證據,也為債轉股是如何影響公司治理的路徑提供了證據;最後,則以公司價值(財務指標和市場指標)這一綜合指標來檢驗債轉股影響公司治理的綜合結果,同時也檢驗了債轉股影響公司價值的途徑。

通過研究發現:①債轉股企業過度投資和投資不足的程度均要低於非債轉股企業,即債轉股企業的投資效率要高於非債轉股企業。結果表明,債轉股有利於緩和股東和債權人之間的利益衝突,從而提高投資行為的理性決策。②債轉股企業更多依賴銀行債務融資,且債務融資與投資效率的敏感度高於非債轉股企業;同時,債轉股企業債務融資對投資效率的約束作用大於非債轉股企業。結果表明,雖然債轉股企業獲得了更多的債務融資,包括在中央銀行緊縮型貨幣政策時,但並不表明銀行股東對債轉股公司的貸款是預算軟約束的表現,相反,債轉股公司的債務融資在約束非效率投資行為方面體現了更強的約束作用,即債轉股改善了債務融資與投資行為之間的關係。③相對於非債轉股企業來說,債轉股企業的高管薪酬業績敏感性

較高，而且債權轉股權後，公司高管薪酬業績敏感性也得到了提高。④債轉股企業的盈利能力得到了提高，市場投資者也獲得了較高的投資回報。研究結果表明，由於股權結構的改善和代理成本的降低，相比於非債轉股企業，債轉股企業的投資效率和債務融資與投資效率的敏感度較高，且債務融資對公司投資效率的影響較大；同時，債轉股提高了公司高管的薪酬業績敏感度，改善了盈利能力和投資者的市場回報，提高了企業的價值創造能力。概而言之，由於股權結構的改善和代理成本的降低，相比於非債轉股企業，債轉股企業的投資效率和債務融資與投資效率的敏感度較高，且債務融資對投資效率的影響較大；同時，債轉股提高了公司高管的薪酬業績敏感度，改善了盈利能力和投資者的市場回報率，提高了企業價值。

本書是基於中國國有企業改制背景的一項關於上市公司債轉股的經濟後果的實證研究，彌補了債轉股改革的實證檢驗文獻的缺陷，深入挖掘了債轉股對公司價值變化的具體驅動因素，同時也在一定程度上為中國商業銀行的混業經營改革提供了初步的經驗證據。通過研究發現具有如下啟示作用：①銀行直接持有企業股權作為一種與企業形成長期交易穩定型的銀企關係的重要方式，可以為銀行信貸決策所需信息的生產和利用提供較為持續便捷的渠道，有利於提高信貸配置與公司行為的敏感性。②銀行直接持

有企業股權可以為債權人對公司治理的相機治理作用提供更有效的保障。大股東控制、內部人控制等是中國公司治理面臨的重要問題，若銀行持股，則既有助於改變債權人無權的狀況，又可以平衡公司治理結構較為單一的問題。

　　本書存在的一定局限性。首先，銀行持股的來源與動機的不確定性使本書的研究結論在應用時需要謹慎。其次，儘管在理論分析中我們說明了銀行持股對非持股銀行信貸決策的影響，但由於公司未披露借款來源明細，故我們無法區分銀行持股與公司銀行借款的一一對應關係，使本書關於銀企股權關係對公司債務融資和信貸配置影響的結論存在一定的局限性，如公司向非持股銀行大量借款則本書的結論不能充分說明銀行持股提高了持股銀行信貸配置效率。今後的研究應改進這一數據缺陷，進而完善研究結論。

　　本書在寫作過程中，參考了不少資料，筆者已經盡可能詳細地在參考文獻中列出，在此對這些專家和學者表示深深的謝意！雖然我們盡量避免疏忽，但仍可能有些引用資料的出處沒有標出，對此表示萬分的歉意！在撰寫過程中，筆者反復斟酌了書中的要點，對一些新術語選擇了恰當的詞語。由於筆者水準有限，寫作中的疏漏和不足在所難免，請廣大讀者批評指正。

目錄

1 緒論 / 1

    1.1 研究背景、問題與意義 / 1

    1.2 相關文獻綜述 / 8

        1.2.1 負債融資、投資行為與公司價值 / 8

        1.2.2 融資結構、高管薪酬與公司價值 / 11

        1.2.3 債轉股的相關研究 / 16

    1.3 研究思路與本書結構 / 23

2 理論基礎 / 27

    2.1 代理理論與中國國有公司治理問題 / 28

        2.1.1 代理理論概述與分析範式 / 28

        2.1.2 代理理論與兩類公司治理代理問題 / 30

    2.2 投資理論與投資行為的扭曲 / 33

        2.2.1 代理理論與投資行為扭曲 / 33

2.2.2 人力資本理論與投資行為扭曲 / 35

2.2.3 信息不對稱理論與投資行為扭曲 / 37

2.3 融資理論與資本結構的選擇 / 38

2.3.1 靜態權衡理論與資本結構決策 / 38

2.3.2 優序融資理論與資本結構決策 / 39

2.3.3 動態權衡理論與資本結構決策 / 40

2.4 激勵理論與高管薪酬設計 / 41

2.4.1 代理理論與高管激勵 / 41

2.4.2 人力資本理論與高管激勵 / 42

2.4.3 錦標賽理論與高管激勵 / 42

3 債轉股的投資決策優化效應 / 44

3.1 理論分析與研究假說 / 44

3.2 檢驗模型和研究變量界定 / 49

3.2.1 投資效率的估計 / 49

3.2.2 檢驗模型的設計 / 52

3.2.3 控制變量的界定 / 54

3.3 樣本選擇和分佈描述 / 58

3.3.1 樣本選擇過程與數據來源 / 58

3.3.2 樣本年度分佈描述 / 61

3.3.3 樣本行業分佈描述 / 65

3.4 描述性統計 / 67

3.4.1 基本描述統計與均值比較 / 67

3.4.2 相關矩陣分析 / 71

3.5 迴歸結果 / 73

3.5.1 全樣本迴歸分析 / 73

3.5.2 子樣本迴歸分析：基於銀行進入樣本 / 77

3.5.3 子樣本迴歸分析：基於銀行退出樣本 / 80

3.5.4 穩健性檢驗 / 83

3.6 實證結論與政策啟示 / 84

4 債轉股、投資效率與融資結構 / 85

4.1 理論分析與研究假說 / 85

4.1.1 債轉股與融資結構 / 85

4.1.2 債轉股、投資效率與債務融資 / 91

4.1.3 債轉股、債務融資與投資效率 / 94

4.2 檢驗模型和研究變量界定 / 95

4.2.1 檢驗模型的設計 / 95

4.2.2 控制變量的界定 / 98

4.3 描述性統計 / 101

4.3.1 基本描述統計與比較分析 / 101

4.3.2 相關矩陣分析 / 107

4.4 迴歸結果／109

 4.4.1 債轉股與融資結構的迴歸分析／109

 4.4.2 債轉股、投資效率與債務融資的迴歸分析／127

 4.4.3 債轉股、債務融資與投資效率的迴歸分析／132

 4.4.4 穩健性檢驗／135

4.5 實證結論與政策建議／136

5 債轉股的高管激勵效應／138

5.1 理論分析與研究假說／138

5.2 檢驗模型與研究變量界定／142

 5.2.1 檢驗模型的設計／142

 5.2.2 控制變量的界定／145

5.3 描述性統計／145

 5.3.1 基本描述統計／145

 5.3.2 相關矩陣分析／146

5.4 迴歸結果／149

 5.4.1 全樣本迴歸分析／149

 5.4.2 子樣本迴歸分析：銀行進入樣本／153

 5.4.3 子樣本迴歸分析：銀行退出樣本／156

 5.4.5 穩健性檢驗／158

5.5 實證結論與政策建議／159

6 債轉股與公司價值 / 160

6.1 理論分析與研究假說 / 160

6.2 檢驗模型與研究變量界定 / 165

6.2.1 檢驗模型與因變量設計 / 165

6.2.2 控制變量的界定 / 168

6.3 描述性統計 / 169

6.3.1 基本描述統計與均值比較 / 169

6.3.2 相關矩陣分析 / 170

6.4 迴歸結果 / 172

6.4.1 全樣本迴歸分析 / 172

6.4.2 子樣本迴歸分析：基於銀行進入樣本 / 176

6.4.3 子樣本迴歸分析：基於銀行退出樣本 / 178

6.4.4 穩健性檢驗 / 181

6.5 實證結論與政策建議 / 181

7 研究成果與研究局限 / 183

7.1 結論 / 183

7.2 研究創新與研究局限 / 184

參考文獻 / 188

後記 / 216

1 緒論

1.1 研究背景、問題與意義

為盤活商業銀行的不良資產，並加快其回收速度，幫助國有企業扭虧為盈，轉換經營機制，1999年國務院公布了《關於實施債權轉股權若干問題的意見》。1999年12月，國家經貿委推薦了601戶債轉股企業，建議轉股額為4,596億元。截至2002年年底，經國家經貿委、財政部、中國人民銀行聯合審核，國務院累計批准547戶企業實施債轉股，涉及轉股額3,850億元，分別占協議轉股企業戶數和協議轉股額的94%和95%。有372戶債轉股企業依法註冊成立了新公司，

占批准實施企業數量的68%①。

債轉股作為中國國有企業改制的重大配套措施，不僅受到政府各部門和金融機構的高度關注，也激發了學者的研究興趣。如北京大學中國經濟研究中心宏觀組（1999）認為從制度創新的層面上理解，政府就是借助於債轉股等方式向「虧損經濟」和「壞帳經濟」開戰，向「信用經濟」發展。但債轉股是一項政策性和業務性都很強的工作，如果債轉股的機制設計不好，或在實施過程中出現差錯，成為變相豁免企業債務的手段，就會導致賴帳經濟的出現[1]。周小川（1999）從國際上通行的實踐討論了債轉股的實質性概念、商業銀行進行債轉股的動機以及債轉股的正規運作方式，並指出在中國具體國情下進行債轉股的考慮、動機以及相關的

---

① 2004年電廣傳媒（000917）與控股股東湖南廣播電視產業中心簽署了《以股抵債協議》，產業中心擬以其持有的公司國有法人股股份抵償其對公司的債務，每股單價為7.15元，抵債債務總額為53,926萬元，抵債股份數量為7,542.1萬股，成為證券市場第一家實施「以股抵債」的上市公司。需要注意的是，電廣傳媒的「以股抵債」與本書研究的債轉股存在重要差異。第一，主體及利益衝突不同。「以股抵債」發生於控股股東與上市公司之間，體現的是控股股東對其他股東的利益侵占，而債轉股發生於公司（集團公司）與外部銀行等金融機構債權人之間，體現的是股東對債權人利益的侵占。第二，估值基準不同。「以股抵債」更多地以市場流通價格為基準，而債轉股則主要以公司淨資產為基準，兼顧市場流通價格。第三，經濟後果不同。「以股抵債」並不影響控股股東對上市公司的控制權，且股東結構基本上沒有重大變化，而債轉股則引進了新的股東，顯著地改變了股東結構，甚至控股股東也可能發生改變。第四，潛在的社會影響不同。「以股抵債」是對中小股東利益保護的一種臨時性措施，而債轉股則是國務院主導下國有企業改革的重要部分，是向「虧損經濟」和「壞帳經濟」開戰以走向「信用經濟」的制度安排。綜上，本書的研究對象限定於銀行等金融機構對國有企業的債轉股。

其他問題，如債轉股運作中需要防止的道德風險問題[2]。莊乾志（2000）認為債轉股對國有企業的制度變遷形成很強的依賴，債轉股改革能否取得成功，取決於國有銀行制度的變遷[3]。丁少敏（2003）的調查結果顯示，雖然債轉股的前期目標即國有企業三年財務扭虧解困基本實現，但在實踐中出現了某些有悖於設計初衷的新問題，這些問題對促使國有企業出資人真正到位、變企業財務解困為資本解困等債轉股本質目標的實現構成了嚴重障礙[4]。儘管已有研究文獻初步關注了債轉股對企業公司治理的效應問題，但這些研究主要是基於規範分析和案例分析，所得出的研究結論並沒有實踐的經驗支持或難以推廣到其他企業，從而無法為債轉股的公司治理效應提供較為系統的方法。不僅如此，已有的研究文獻關注到的公司治理效應主要局限於對組織架構和企業財務業績的影響，而沒有深入挖掘債轉股的公司治理效應對企業投資行為、融資決策和高管激勵等方面的影響。事實上，企業的投資行為、融資決策和高管激勵是企業經濟活動的主線，基本上決定了企業的價值。如果不對此進行研究，我們對債轉股效應的認識將是一種比較模糊的表象看法，而難以知道債轉股的公司治理效應對企業價值的影響到底來自哪一方面的改善，或僅是財務上的改善而非實際經營活動的改善。

债转股还代表了中国商业银行与企业之间关系的重大变化①。中国银行法规禁止银行持有企业股权，1986年的《中华人民共和国外资银行管理条例》、1995年的《贷款通则》和《中华人民共和国商业银行法》（以下简称《商业银行法》）均明确规定商业银行不得投资非自用不动产、非银行金融机构和企业。这与同样是以间接融资为主导的日本和德国完全不同，如日本1942年及1997年的《银行法》允许商业银行持有非金融企业股份，持股比例不能违反《关于禁止私营垄断及确保公平交易的法律》②。德国1961年的《银行法》允许银行持有任何比例的公司股份③。债转股的实践打开了中国银行直接持有企业股权的法律通道④，这对于银行

---

① 银行与企业的关系是企业融资体系中极其重要的一环，这主要是因为中国社会资金高度集中于银行，银行融资占绝对主导地位。2001年，国内非金融部门融资构成中，银行融资占比为75.9%，此后该比例逐年上升，2004年达到87.9%。2005—2007年央行实行贷款规模控制，银行融资占比下降，2007年低至78.7%。2008年最后2个月贷款规模控制取消后，银行融资占比再次跃升至83.1%。2009年1—9月，银行新增贷款达到8.2万亿元，银行融资占比超过85%（1—3月曾达94.7%）。2008年年末，中国银行业金融机构存款余额达到47.84万亿元，是全部工业企业总资产的114%。

② 1986年，日本银行业金融机构持有上市和非上市的非金融企业所发行的股票总数占比达到46%，到1998年仍有41%。日本上市公司的前十大股东中，总有几家日本银行业金融机构。

③ 德国全部股票中，银行业金融机构持有占比在10%左右。1988年年末，德国银行业金融机构持有的股票市值为4,115亿马克，约占德国GDP的40%。1993年年末，德国银行持有上市和非上市的非金融企业所发行的股票总数占比仍达14%。

④ 债转股对中国法律形成了较大的挑战，因为如《中华人民共和国公司法》规定债权不能出于出资，而《商业银行法》规定银行不能直接投资非金融企业等，因此中国的行政体系和法律体系决定了政府的行政条文具有法律的意义。

與企業之間的關係來說是一個重大的突破。然而，就中國目前的研究文獻來說，研究銀行持股對銀企關係以及對債務融資的影響的文獻非常少，大部分局限於介紹日本和德國的情況，以及以規範式的評論方式對銀行持股的作用進行判斷，沒有以中國特殊背景和金融結構為基礎的命題推導和以實踐數據為基礎的經驗檢驗。

為此，本書以中國 A 股上市公司為觀察樣本，從理論和經驗上系統研究了債轉股對公司治理的效應，以及以債轉股為契機研究了銀行持股對銀行信貸配置的影響。具體而言，本書研究了以下幾個問題：首先，債轉股的公司治理效應是否影響了公司的投資行為。其次，債轉股企業的融資決策是否得到了優化，進而基於債轉股企業中銀行持股的特徵研究公司治理的溢出效應，即對中國銀行的信貸配置效率的影響。再次，債轉股企業的高管激勵是否有改進。最後，債轉股企業的公司治理效應是否影響了融資決策對投資行為的約束作用，是否影響了投資行為對融資決策的信號作用。債轉股企業的公司治理效應對企業價值的影響是否得以體現。

本書的研究具有顯著的理論意義和現實意義：

首先，國有企業改制是中國長期面臨的重大問題。以債轉股為代表的金融機構對企業持股，一方面，可以優化企業股權結構，增加企業股權主體的多樣性，完善監管治理機制，提高企業經營績效；另一方面，可以提高國有債權的可收回性，減少不良債權率，防範金融風險。但綜合現有研究文獻，

較多的文獻集中於規範式的判斷分析，部分文獻雖然也採用了個案、典型/區域調查的形式進行了債轉股的經濟後果分析，但並沒有系統地提供一個影響公司治理的分析框架和理論基礎，經驗檢驗上既極少有文獻去研究以債轉股為代表的金融機構持股對公司經營績效變化的具體驅動因素進行分析，也沒有以債轉股為契機研究銀行直接持有企業股權對公司經營行為和銀行信貸配置的影響，更沒有提供大樣本的經驗檢驗證據。銀行直接持有企業股權對公司經營績效的影響，不僅需要在理論上進行深入分析，提供系統的經驗上的檢驗證據也非常重要。

其次，從公司治理的角度來看，內部人控制是中國國有企業改制過程中可能出現的潛在或現實的問題。股權集中被認為是約束內部人控制的一種有效手段，但控股股東借助控制權也可能侵占債權人和中小投資者的利益，故股權集中與股權分散的平衡在保護債權人和中小投資者利益面前是國有企業改制需要考慮的重大問題。提高債務治理能力是約束中國企業兩大公司治理問題出現的重要途徑，與債務在西方國家成熟的金融市場上積極的治理效應相比，中國較為特殊的制度環境影響了債務治理效應。本書一方面在股權結構平衡下分析了股權分散對公司治理的邊際效應，另一方面也分析了債轉股對債務治理的作用機制，豐富了股權和債務治理的相關文獻。

再次，以銀行信貸為代表的間接融資體系是中國企業資

金來源的最主要方式。信貸資金融出方銀行與融入方的企業之間的關係如何也就成為影響信貸配置效率和保障信貸安全的重要因素。不過歷史的發展已經表明，中國銀企關係存在重大缺陷，銀行信貸資金成為國有企業的財政補貼。債轉股開拓了中國銀行與企業之間的單純債權人與債務人之間的關係，但現有文獻對此卻沒有針對中國實踐進行深入研究。本書將研究銀行股東與債權人的二重身分對銀企關係的影響，以及這種影響對信貸配置的作用。因此，本書的研究可以為股權型銀企關係對信貸配置的影響提供經驗證據，豐富和拓展了中國銀企關係方面的文獻。

然後，銀行混業經營是金融改革的熱點話題，也越來越成為發展趨勢。傳統上，中國商業信用法規定商業銀行不得向非銀行金融機構和企業投資。不過，商業銀行混業經營逐漸成為全球性趨勢。德國在二戰前以及當今時代，均是全能銀行；英國、日本、美國從 20 世紀 80 年代中期開始，逐步取消了對混業經營的各種限制，推行全能銀行制。1999 年在日本、美國全面推行全能銀行制後，世界其他各國和地區也紛紛探討金融業的分業與混業問題，並日益趨向全能銀行制。本書的經驗檢驗在一定程度上可以提供相應的證據，如大規模允許銀行直接持有企業股權，是否可以有效控制貸款的風險。本書的研究可對中國商業銀行的混業經營的改革提供初步的經驗證據。

最後，本書的研究可以豐富股東—債權人利益衝突對企

業投資行為和融資行為的研究文獻。現有財務理論和相關文獻認為，由於風險偏好不同，債權人和股東的利益存在差異，從而導致企業的投資行為和融資行為與價值最大化方向出現偏差。本書的研究對象兼具股東和債權人的雙重角色，以其行為進行投資和融資研究可以豐富相關財務文獻。

1.2 相關文獻綜述

本書研究的主題是債轉股對公司投資行為、融資結構、高管薪酬及公司價值的影響，因此，除債轉股問題的直接文獻外，還涉及以下幾方面的文獻：投資行為與融資結構、高管薪酬與公司績效。由此，本書將從以下三方面進行文獻回顧：一是負債融資對公司投資行為的影響及投資與公司價值相關的研究；二是資本結構與高管激勵及高管激勵與公司價值相關性的研究；三是債轉股的相關研究。

1.2.1 負債融資、投資行為與公司價值

負債融資對企業投資行為影響的理論基礎主要有以下兩種。

一是代理成本理論。該理論認為負債融資帶來了股東與債權人之間的利益衝突。在假設股東與管理者利益一致的前提下，股東/管理者為使股東財富最大化，會在投資決策時選

擇那些能夠增加股權價值但會減少整個企業價值的項目，或放棄那些能夠增加企業價值但會減少股權價值的項目，從而產生過度投資或投資不足的問題，損害債權人及企業整體利益。Jensen 和 Meckling（1976）以及 Myers（1977）在對代理成本的研究中發展了該理論，明確提出了股東、債權人衝突對投資行為的兩大影響：資產替代（asset substitution）與投資不足（under investment）[5-6]。Jensen 和 Meckling（1976）認為，在負債較大的籌資結構下，股東/管理者將具有強烈的動機去從事那些儘管成功機會比較小，但一旦成功將獲利豐厚的投資項目。因為，如果這些項目成功，他將獲得大部分收益，而若失敗，則由債權人承擔大部分成本。他們同時指出，這個問題不能輕易地拋開，並將此問題導致的機會財富損失歸納為第一種負債代理成本[5]。Myers（1977）則認為，當管理者與股東利益一致時，管理者將拒絕那些能夠增加企業市場價值但預期的收益大部分屬於債權人的投資。顯然，負債削弱了企業對某些淨現值（NPV）為正的項目進行投資的積極性，減少了企業現行市場價值[6]。Smith 和 Warner（1979）也認為，如果管理者代表股東的利益，則發行風險債券企業的管理者有動力設計那些對股東有利，但損害債權人利益的經營策略和融資結構。他們將股東與債權人之間的衝突歸納為四種來源：股利支付（dividend payment）、求償權稀釋（claim dilution）、資產替代（asset substitution）及投資不足（under-investment）[7]。國內相關研究中，伍利娜和

陸正飛（2005），童盼和陸正飛（2005）發現，中國公司中也存在股東—債權人利益衝突問題，而且這種衝突隨企業負債水準的上升而加劇。此外，債務期限、項目現金流與企業現金流的相關性、項目大小、企業所得稅、行業等因素也會影響股東—債權人衝突的大小[8-9]。

  二是相機治理機制理論。該理論認為負債融資能夠抑制股東—管理者衝突，即將負債視為一種公司治理的工具。管理者為了尋求高於市場水準的薪金和津貼，有著擴大企業規模的衝動。所以，當企業擁有過多的剩餘現金流時，管理者可能會將其投資到能夠擴大企業規模但未必具有良好營利性的項目。而負債融資能夠減少這種股東—管理者衝突所導致的過度投資行為。Jensen 和 Meckling（1976）發現負債融資將通過增加管理者相對持股份額激勵高管努力工作，進而降低代理成本[5]。Jensen（1986）研究發現對於低成長性的公司來說，負債融資可以有效防止管理者利用企業的閒置資金進行非營利項目投資的過度投資行為，降低股東與管理者之間的代理成本，提高企業價值[10]。負債相機治理機制的產生還來自債務契約的本質屬性，一方面負債融資要求債務人到期無條件歸還本金和支付利息的強制性契約性質可以減少可供經理支配的現金；另一方面由於利益的相關性，債權人有動機對企業的管理者實施必要的監控，控制權的狀態依存性迫使企業在不能按期償還債務時，實現公司控制權向債權人的轉移。另外，債務融資還被視為一種擔保機制，由於管

者的效用依賴於其管理職位,從而依賴於企業的生存,倘若企業經營不善必須破產,此時管理者就必須承擔與失去任職好處相關的一切破產成本,而破產對管理者的有效約束取決於企業融資結構的變化。隨著負債比例的上升,企業的破產概率也隨之上升。管理者為了避免失去自己的職位就會努力工作,約束自己,做出更好的投資決策,從而降低由於所有權與控制權分離而產生的代理成本,改善公司治理結構(Grossman et al., 1986)[11]。Aghion 和 Bolton(1992)證明,存在不同的、有效率的控制權安排或治理結構。在現實經濟中,標準的債務契約是實現相機控制的一種自然方式,即債務契約本質上包含著控制權的配置[12]。

Demsetz 和 Lehn(1985)認為由於對管理者的權益補償取決於公司價值,所以所有權結構是內生決定的[13]。Holmstrom 和 Tirole(1993),Subrahmanyam 和 Titman(1999)更進一步分析了上市公司股價與投資決策的聯繫,認為可以在企業股價所含信息和真實投資決策之間找到一種聯繫,股價所含信息量將影響投資的有效性[14-15]。

1.2.2 融資結構、高管薪酬與公司價值

在管理層會按照所有者的意圖去實現所有者權益最大化的假設下,經典資本結構理論認為企業融資方式的選擇、資本結構的決定與公司價值無關(Modigliani 和 Miller, 1958)[16]。然而,Jensen 和 Meckling(1976)的代理成本理

論[5]，Myers 和 Majluf（1984）的信息不對稱理論[17]，Harrisa 和 Raviv（1988）的公司控股權論發現[18]，激勵機制和資本結構之間存在著相互影響和相互制約的關係。Stulz（1990）發現，管理層為了維持投資規模的資金保障可能降低對投資者的股利支付水準。這是因為投資規模擴張可以給管理層帶來更高的薪酬，同時，管理層和所有者對公司資本結構風險偏好存在差異[19]。

由於所有者和管理者的目標有差異，而且所有者並不能完全瞭解管理層的經營行為，也就是說在所有者和管理層的契約中，並沒有詳細說明管理層在什麼情況下幹什麼還有得到什麼，在這種情況下，所有者與管理層建立的報酬契約應該激勵管理層採取行動去努力增加股東的財富。如果管理層持有一定比例的股權，成為企業的股東，則會增加努力工作的意願，在一定程度上緩和兩者對資本結構風險偏好的差異。Jensen 和 Meckling（1976）認為由於存在代理成本，因此把所有個人財產投資到單一公司的管理者往往將承擔福利損失，當他減少部分所有權時，就會遭受財產損失[5]。因為管理者避免風險的願望將使他成為少數股票持有人。事實上，很多國家在20世紀80年代就已經開始實施股權激勵機制。例如在美國，除了非常大的公司之外，在其他公司中，董事與經營者都持有巨額股份。對於持有股票的經營者而言，保持低債務比率可以分散投資的風險，所以理論上債務比率與管理者持股應該是負相關的。但是在其他的管理層激勵機制中，

例如當存在非管理者為主要股東時，可能就會實現債務的增長，這也就意味著管理者股東的存在可以使得管理者和普通投資者的利益趨於一致。

　　Friend 和 Lang（1988）將紐約證券交易所的 984 家公司分為「封閉持有」和「公開持有」來研究高管人員自身利益對公司資本結構的影響，研究發現債務比率與管理者持股負相關，這個發現與是否存在管理性的主要股東無關[20]。呂長江、王克敏（2002）通過對上市公司的管理股權比率、資產負債率和股利支付率之間的相互關係進行實證研究，發現公司的資產負債率與管理股股權比率之間存在著顯著的負相關關係[21]。李義超（2003）發現上市公司管理層持股與公司負債水準負相關[22]；肖作平（2004）通過對 673 家上市公司進行迴歸分析，得出上市公司的控股股東傾向於股權融資，而管理者持股與負債水準似乎呈負相關關係[23]。馮根福和馬亞軍（2004）以 388 家上市公司為研究對象，將其劃分為高管所有程度高低兩類，研究其與資產負債率的關係，發現上市公司高管具有自利動機去調整資產負債率，這種行為與高管的所有權程度有關；增加高管持股比例可以緩解公司的高資產負債率，隨著持股比例的上升，高管調整資本結構的慾望也隨之增加[24]。

　　經理人激勵薪酬的三個維度是薪酬水準、薪酬結構（基本薪酬、獎金、股票、限制性股票或股票期權、職務消費、退休福利以及其他非現金福利，如聲譽）以及薪酬與績效的

相關性（Banker et al.，1988）[25]。Fama 和 Jensen（1983）認為，當經理人員只擁有公司少量股權時，市場約束仍可以使經理人員趨於價值最大化的目標。相反，持有公司大量股權的經理人員可能有足夠的投票權或廣泛的影響力來保證他們能以令人羨慕的工資水準受到雇傭[26]。Murphy（1985）基於 1964—1981 年美國 73 個大公司高層管理者的樣本分析了管理者薪酬與股東收益之間的關係，發現管理者薪酬隨營業收入的增加而增加，但股東收益保持不變[27]。美國麥肯錫諮詢公司（1987）的調查表明，基於業績而付薪酬的激勵方法不一定有效。支付了巨額激勵的 90 家上市公司，與沒有採用激勵措施的 90 家上市公司相比，股票表現幾乎沒有區別。Rosen（1992）綜述了大部分實證研究之後得出的結論認為，美國上市公司股票回報和 CEO 對數薪酬之間公正估計在 0.10~0.15。0.10 的彈性意味著那些為公司創造 20% 年度回報的 CEO 只比那些為公司創造 10% 回報的 CEO 多拿 1 個百分點[28]。Hall 和 Liebman（1998）利用美國上市公司 1980—1994 年的 368 家公司的面板數據進行研究，發現 CEO 薪酬和公司績效之間有很強的關係[29]。Bebchuk 和 Fried（2004）認為，薪酬與績效的敏感度（Compensation Sensitive Performance）比人們通常預期的要低。多數公司董事會制定的經理人激勵薪酬合約沒有體現所有者的利益。在「強管理者，弱所有者」的時代，有證據表明，如果經理人的管理權力很大，其對激勵薪酬合約制定過程的影響大，其激勵薪酬就比

較高，或者經理人激勵薪酬與績效之間的敏感度較低。[30]

國內研究中，李增泉（2000）發現中國上市公司經理人員的年度報酬與企業績效並不相關，而是與公司規模密切相關，並表現出明顯的地區差異性[31]。周業安（2000）還從經濟學角度分析了經理報酬與企業績效的關係，得出中國因為存在政治力量及各種非貨幣化因素如職位晉升、解雇的干擾，貨幣化激勵的效果普遍不好。要強化經理報酬的激勵效果，只有結合公司治理結構的優化綜合安排[32]。劉斌等（2003）利用逐步迴歸和路徑分析方法，檢驗了中國上市公司 CEO 薪酬的激勵制約機制和激勵制約效果，結果發現，中國上市公司的 CEO 薪酬層面已體現了一定的激勵制約機制，增加 CEO 薪酬對擴大企業的規模和增加股東財富均有一定的促進作用，但降低 CEO 薪酬不僅不能擴大企業規模和增加股東財富，反而會對其產生一定的負面影響，說明中國上市公司的 CEO 薪酬也僅有單方面的激勵效果，而沒有預期的制約效果[33]。李琦（2003）以滬深兩市的上市公司為樣本進行實證檢驗，結果發現高管人員薪酬與公司業績不相關，與國有股比例負相關[34]。杜興強和王麗華（2007）通過對上市公司高管報酬的數據進行歸納、整理發現，近幾年高管報酬絕對值上升，但相對於國外仍很低，高管年薪差距在縮小，年薪呈現出明顯的行業、地域特徵，「零報酬」「零持股」現象嚴重，且沒有改善的跡象，從而應對中國目前普遍存在的，具有中國特色的高管在關聯單位領薪、高管在職消費等隱性收入予以關

注[35]。權小鋒等（2010）研究了中國國企高管是否通過其權力影響而獲取私有收益，並探討其進行薪酬操縱的行為策略和薪酬結構的價值效應。研究發現國有企業高管的權力越大，其獲取的私有收益越高，但中央政府控制的國有企業高管偏好隱性的非貨幣性私有收益，而地方政府控制的國有企業高管更偏好顯性的貨幣性私有收益；從薪酬業績敏感性來看，管理層權力越大，薪酬與操縱性業績之間的敏感性越大，表明隨著權力增長，管理層會傾向於利用盈餘操縱獲取績效薪酬；通過對實際薪酬的分解，發現激勵薪酬具有正面的價值效應，而操縱性薪酬具有負面的價值效應[36]。可見，中國學者的研究主要集中在公司的經營績效與高級管理人員持股、管理人員年薪之間的關係，管理層激勵與企業業績之間的敏感性，高級管理層報酬與企業規模、國有股股權比例之間的相關關係等方面。其結果顯示，近年來中國上市公司高級管理層激勵效果不顯著，經理報酬和企業業績不存在顯著的正相關關係，與高級管理人員持股比例不存在顯著的負相關關係，與企業規模存在顯著的正相關關係，國有股比例對高管報酬存在一定的負面影響等。

1.2.3 債轉股的相關研究

周小川（1999）從國際上通行的實踐討論了債轉股的實質性概念、商業銀行進行債轉股的動機以及債轉股的正規運作方式；在中國具體國情下進行債轉股的考慮、動機以及相

關的其他問題；債轉股的實施，並重新提出了對銀行體制改革的思考；債轉股運作中需要防止的道德風險問題[2]。北京大學中國經濟研究中心宏觀組（1999）認為債轉股從制度創新的層面上理解，就是政府借助於債轉股等方式向「虧損經濟」和「壞帳經濟」開戰，以走向「信用經濟」。儘管債轉股的方向和初衷都是要走向信用經濟，但是，債轉股是一項政策性和業務性都很強的工作，如果債轉股的機制設計不好，或在實施中出現差錯，變成變相豁免企業債務（債務大赦）的話，就會導致賴帳經濟出現，而且賴帳經濟出現的可能性不可低估[1]。

周天勇（2000）分析了債轉股的流程機理與運行風險。債轉股的範圍是企業欠銀行債中的邊緣性不良資產。債轉股的第一階段為封閉性流程，但要真正使銀行退出債權風險，由社會分攤，最終要與其他投資者或者資本市場連接，進入第二階段開放式債轉股流程。在實行債轉股過程中，銀行、金融資產管理公司和國家有關部門一方，面臨著與以各類企業及其地方和部門為另一方的分別博弈，其中由誰操作、利益差別和信息不充分及失真給債轉股造成的不確定性和風險很大。對於債轉股企業，選擇一元債轉股，還是選擇多元債轉股，以及金融資產管理公司是否有真正的實質性的股東權利，也將影響到債轉股後產權約束的強弱及企業營運的效果。另外，債轉股還面臨著宏觀經濟運行是不是寬鬆和能不能由社會投資者購買分攤風險的不確定性[37]。

吳有昌和趙曉（2000）基於企業治理結構的角度對債轉股進行了理論與政策分析，認為國有企業陷入債務困境的根源在於治理結構的內在缺陷。簡單的債轉股雖然可以在緩解通貨緊縮壓力方面產生一定的積極影響，但將使國有企業不健全的治理結構進一步弱化。只有將債轉股與國有經濟的戰略性退出結合起來，才能在發揮其積極影響的同時，避免其消極影響，並且從根本上改善企業的治理結構。因此債轉股的根本目標應該是國有經濟的戰略性退出和民營化，而不是讓國有企業「放下包袱、輕裝前進」[38]。

龍正平（2000）認為在實行債轉股過程中會出現逆向選擇和道德風險問題，如不加以切實解決，將會使債轉股流於形式，變成「債務大赦」。許多不符合條件的企業為爭取這頓「免費午餐」，會隱瞞自己的真實情況，或憑空捏造出一些虛假信息，或通過行政干預等方式進入金融資產管理公司的遴選範圍。面對眾多的債務企業，金融資產管理公司只能選擇其中的一部分。因此，如果這些不合格的企業成為債轉股的對象，一部分符合條件的企業就必然會被擠出去；如果金融資產管理公司對所有的債務企業提出更苛刻的條件（如提高債權與股權之間的兌換比率），那麼某些確實符合條件的企業可能會因無法接受資產管理公司（AMC）的條件而退出債轉股的交易。其結果有可能是實行債轉股的某些企業恰恰是那些根本不應該與不符合條件的企業，從而出現逆向選擇問題。債轉股也存在道德風險。實行債轉股後的企業，因

為債務減少了，降低了破產清算的威脅，在缺乏激勵和監督的情況下，經營者有可能更懶惰，使企業的管理水準提不上去，經營效率依舊低下，產品競爭力依然沒有提高，或者大肆再舉債，進行盲目投資等。過幾年，這些企業要麼被市場打敗，繼續虧損，要麼債臺高築，瀕臨破產。資產管理公司按股權索取的企業淨財產也所剩無幾，而金融風險依然存在，只不過從銀行轉移到資產管理公司身上而已。債轉股不僅沒達到「雙贏」的狀況，反而陷入「雙賠」的局面。嚴格審核、建立企業的督導機制等措施能減少此類問題的發生[39]。

江曙霞和郭曄（2000）認為中國債轉股的初衷在於解救陷入「危機」之中的銀行與企業，從而達到「雙贏」的理想境界。然而理性的人們已經認識到債轉股的風險與收益並存。可以說，中國債轉股處於矛盾的處境之中，它一方面能化解風險，另一方面又可能滋生新的風險。而風險的產生必有其根源，通過較詳盡的理論分析，詮釋了債轉股風險的生成機理，否定了「風險源於時機欠佳」的看法，指出在已有的現實條件下，為債轉股本身設計的機制欠妥是風險產生的真正源頭。並且據此提出最小化債轉股風險的途徑：為債轉股設計最優機制安排[40]。

莊乾志（2000）認為債轉股對國有企業的制度變遷形成很強的依賴，債轉股改革能否取得成功，取決於國有銀行制度的變遷[3]。丁少敏（2003）的調查結果顯示，雖然債轉股的前期目標即國有企業三年財務扭虧解困基本實現，但在實

踐中出現了某些有悖於設計初衷的新問題，這些問題對促使國有企業出資人真正到位、變企業財務解困為資本解困等債轉股本質目標的實現構成嚴重障礙[4]。蒲勇健和彭小兵（2002）認為在不改變國有經濟主體產權結構現狀的條件下，債轉股運作是在信息不對稱時有關利益主體追求自身效用最大化和爭奪金融資源支配權而展開的利益衝突與鬥爭的博弈過程；債轉股的運作，既包括實施前有關各方債轉股談判博弈，也包括債轉股實施後有關債轉股協議執行過程的股息支付和股權回購監督博弈。利用博弈論原理，構造銀行與國有企業債轉股博弈模型以及實行債轉股後資產管理公司與國有企業關於債轉股協議執行的監督博弈模型。研究結果表明，在一定條件下，企業與銀行之間能夠達成一種混同均衡而使債轉股協議達成；並且為保證按期得到股息支付和股權回購，資產管理公司應該樹立強硬形象，監控債轉股企業的財務與經營管理[41]。彭小兵等（2003）認為在國有企業債轉股中，資產管理公司扮演著債轉股企業的階段性持股股東和監督者的雙重角色，因而擁有剩餘索取權的資產管理公司與債轉股企業之間的關係是可能存在合謀行為的委託代理關係。他們的論文從闡述資產管理公司與債轉股企業的博弈關係出發，構造資產管理公司與債轉股企業的委託代理分析框架，認為在國家給定對資產管理公司的制度約束和目標考核的激勵機制條件下，資產管理公司和債轉股企業能夠根據其自身的效用最大化原則達成博弈均衡，而國家需要做的是確定對資產

管理公司的制度約束和債轉股資產回收的績效考核機制，或最終承擔債轉股風險和政策效率的損失[42]。

羅琦（2006）利用東京證券交易所上市企業作為分析樣本，對日本企業股權結構、現金持有、企業價值三者之間的關係進行實證檢驗。研究結果表明，日本企業經營者與投資者（銀行股東及關聯企業股東）串謀實施內部控制，通過有意識地在企業中累積過多的現金，從而達到他們侵占其他股東利益的目的[43]。

羅琦和鄒斌（2007）以東京證券交易所上市企業為分析樣本，通過實證檢驗銀企關係、企業現金持有量、企業價值三者之間的關係，考察銀行在日本企業治理結構中所發揮的作用。研究發現，與銀行關係密切的企業持有的現金水準較低，但是有些企業因過度借貸而持有較多的現金。結果還顯示，企業與銀行關係越密切，企業價值受損越嚴重；日本銀企關係具有兩重性，與銀行關係密切的企業獲得了融資便利，但同時要遭受企業經營者與銀行股東串謀所導致的代理成本[44]。

王善平和李志軍（2011）研究了銀行持股對銀企關係的影響及其對公司債務融資的影響。研究發現，銀行持股公司的債務融資與投資效率的敏感度高於非銀行持股公司與投資效率的敏感度，即投資效率越高的銀行持股公司獲得了更多的債務融資，結果表明，依賴於債權人與股東之間利益衝突的緩和對公司投資的影響，銀行持股提高了信貸配置

效率[45]。

　　綜上，已有研究文獻關注了債轉股的流程機理、運行風險等，也關注了債轉股對公司治理的效應問題，但這些研究主要基於規範分析和案例分析，所得出的研究結論並沒有實踐的經驗支持，而案例/調查研究結論難以推廣到其他企業，從而無法為實行債轉股的公司治理效應提供較為系統的研究；不僅如此，已有研究文獻關注到的公司治理效應主要局限於對組織架構和企業財務業績的影響，而沒有深入挖掘實行債轉股的公司治理的效應對企業投資行為、融資決策和高管激勵等方面的影響。事實上，企業的投資行為、融資決策和高管激勵是企業經濟活動中非常重要的三個方面，在很大程度上決定了企業的價值。如果不對此進行研究，也難以知道債轉股的公司治理效應對企業價值的影響到底來自哪些方面的改善，或僅是財務上的改善而非實際經營活動的改善。

　　已有研究文獻既關注了債轉股的制度創新意義，也關注了債轉股對銀企關係的影響，卻沒有進一步研究銀行直接持有企業股權對企業經營行為的影響，也沒有提供銀企股權關係對銀行信貸配置影響的經驗證據。事實上，銀企股權關係是否會加劇信貸軟約束，是否會弱化融資約束對企業投資的影響，目前國外的研究文獻並沒有得出較為一致的結論，而在中國國有企業普遍存在貸款軟約束的情形下，銀企股權關係的建立是否會加劇或弱化信貸軟約束？這都需要實踐中的數據加以經驗上的支撐。

1.3　研究思路與本書結構

　　Robert（1994）認為公司治理的關鍵因素是監督管理者的績效和保證管理者對股東和其他利益相關主體的責任[46]。Monks 和 Minow（1995）認為公司治理的核心內容是主要利益相關者的權利、責任和影響，以及在決定公司的發展方向、戰略、業績表現時能做什麼和應該做什麼[47]。OECD 公司治理原則（2005）指出，良好的公司治理應為董事會和管理層提供恰當的激勵機制去追求符合公司和股東利益的目標，能夠發揮有效的監督作用並能夠更好地利用公司的資源[48]。2006 年出版的《新帕爾格雷夫貨幣與金融辭典》對公司治理的效應進行了更明確的說明，指出公司治理的本質是使經營者忠於職守，減少經營決策失誤，降低經營者與投資者之間的代理成本。因此，當我們評價一項新的有關公司治理制度安排的效應時應著重從以下幾方面來看：是否改善了公司管理者的投資決策行為，減少了投資失誤；是否促使管理者優化了資本結構的選擇以降低公司經營風險和保障投資者（股權和債權投資者）的利益；是否影響了管理者的激勵機制以更好地契合管理者對股東回報的貢獻，從而降低經營者與投資者之間的代理成本；作為整體，是否促使管理者更好地利用公司的資源以提高公司價值。具體聯繫到會計研究文獻，

這四個方面表現在以下四個維度：管理者的投資行為、資本結構決策、高管薪酬業績敏感性、公司價值。

在社會學研究中，尤其是社會實驗的研究中，由於某一制度安排的公司治理效應難以直接觀測，比如提高管理者的薪酬是否真的能夠激勵他們更加努力，因而我們一般選擇從事後的可觀測的某一事件或多種事件來加以推測因果關係。儘管這一研究思路在辯證法中存在一定的局限，但基於理論邏輯的推演和控制必要因素基礎上的可複製的計量檢驗可為因果關係的推論提供較高的可信度，且這一研究思路在社會學尤其是社會實驗科學研究中得到了非常廣泛的應用。綜上，本書將基於管理者的投資行為、資本結構決策、高管薪酬業績敏感性、公司價值四個可觀測的視角來檢驗債轉股的公司治理效應。

債轉股之所以可能會存在公司治理效應，是由於債轉股將引發公司治理框架和治理結構的重大變化，主要體現在：公司股東結構的變化；董事會結構的變化；資本結構變化所導致的企業資源稟賦變化等。股東結構、董事會結構和資本結構的變化將影響公司治理機制中的監督機制和激勵機制，進而影響公司投資者和公司管理者之間的信息分佈現狀和委託代理問題。信息不對稱和代理問題是引發公司治理問題的根源，也是現實需求基礎，故債轉股對股東與公司管理層之間信息不對稱將影響公司治理效應。本書的研究邏輯如圖1.1所示。

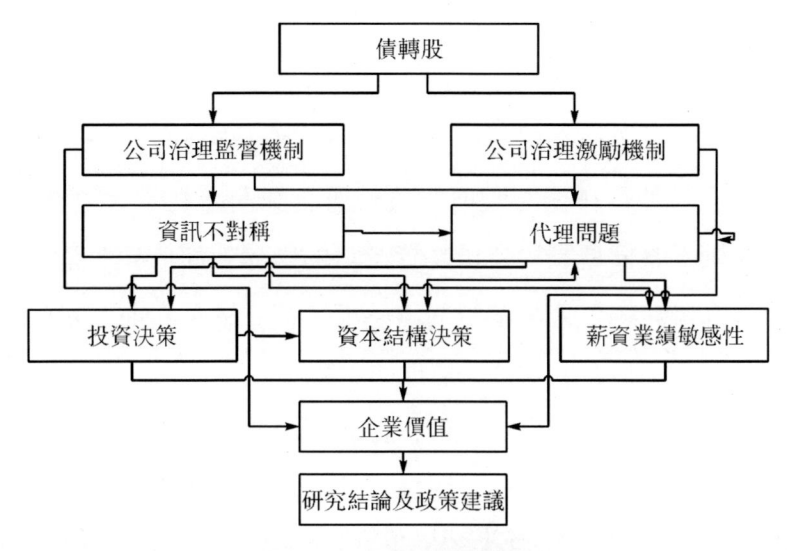

```
                        ┌──────────┐
                        │  債轉股   │
                        └────┬─────┘
                  ┌──────────┴──────────┐
                  ▼                     ▼
         ┌────────────────┐    ┌────────────────┐
         │ 公司治理監督機制 │    │ 公司治理激勵機制 │
         └────────┬───────┘    └────────┬───────┘
                  ▼                     ▼
         ┌────────────────┐    ┌────────────────┐
         │   資訊不對稱    │───▶│    代理問題    │
         └────────┬───────┘    └────────┬───────┘
         ┌───────┐│┌──────────────┐┌───┴──────────┐
         │投資決策│ │ 資本結構決策  ││ 薪資業績敏感性│
         └───┬───┘ └──────┬───────┘└──────┬───────┘
             └────────────┼───────────────┘
                          ▼
                   ┌────────────┐
                   │  企業價值   │
                   └──────┬─────┘
                          ▼
                 ┌────────────────┐
                 │ 研究結論及政策建議 │
                 └────────────────┘
```

圖 1.1　**本書邏輯關係圖**

　　根據研究問題與研究思路，本書的結構安排見圖 1.2。

　　第 1 章是本書的緒論部分，包括對研究背景的交代和研究問題的引出，以及研究的意義；通過對相關文獻的回顧可以發現以往學者關注的問題，為本書的研究提供機會；闡明本書對研究問題的解決思路，以及概述本書框架。

　　第 2 章是概述主要的基礎理論，包括委託代理理論、投資理論、融資理論（資本結構理論）和激勵理論。這些理論為本書的研究提供了檢驗假說的依據和思路。

　　第 3~6 章是本書的主體部分。第 3 章研究債轉股對公司投資行為的影響，即債轉股是否能改善公司的投資效率。首先是研究假說的提出，其次是研究設計，包括檢驗模型、變量設定、樣本選擇等，最後是報告描述統計和迴歸結果。第

1　緒論　25

4章檢驗債轉股對公司融資行為的影響，包括公司的融資結構是否存在重大差異，投資行為對融資結構的影響是否在債轉股與非債轉股企業間存在重大差異，以及融資行為對投資行為的影響是否在債轉股與非債轉股企業間存在重大差異。第5章則考察債轉股對公司高管激勵的影響，即債轉股是否提高了高管薪酬對公司業績的敏感度。第6章是在前三章的基礎上分析了債轉股對公司價值的影響。

第7章是本書最後一部分，在概括主要研究結論的基礎上，分析了本書的創新和局限性，然後闡述了本書的政策啟示作用。

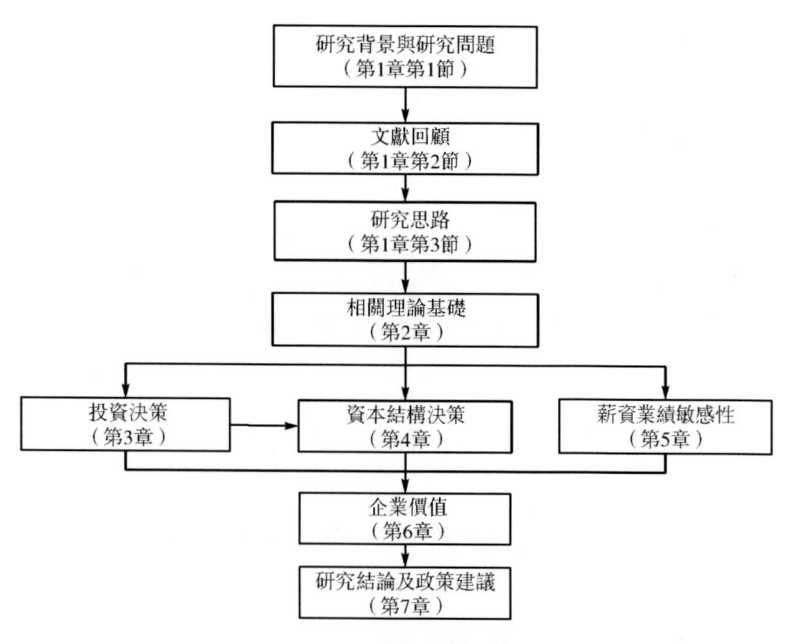

```
        ┌─────────────────┐
        │ 研究背景與研究問題 │
        │  （第1章第1節）   │
        └────────┬────────┘
                 ▼
        ┌─────────────────┐
        │     文獻回顧      │
        │  （第1章第2節）   │
        └────────┬────────┘
                 ▼
        ┌─────────────────┐
        │     研究思路      │
        │  （第1章第3節）   │
        └────────┬────────┘
                 ▼
        ┌─────────────────┐
        │    相關理論基礎    │
        │     （第2章）     │
        └────────┬────────┘
      ┌──────────┼──────────┐
      ▼          ▼          ▼
 ┌────────┐ ┌──────────┐ ┌──────────┐
 │ 投資決策 │→│資本結構決策│ │薪資業績敏感性│
 │ （第3章）│ │ （第4章） │ │ （第5章）  │
 └────────┘ └────┬─────┘ └──────────┘
                 ▼
            ┌─────────┐
            │ 企業價值 │
            │ （第6章）│
            └────┬────┘
                 ▼
         ┌──────────────┐
         │研究結論及政策建議│
         │   （第7章）    │
         └──────────────┘
```

圖1.2　本書結構框架圖

2　理論基礎

　　本書研究的主題是債轉股的公司治理效應，而公司治理的主要目標在於提高企業的價值，保障外部投資者包括股權投資者和債權投資者的投資權益。為實現企業價值提升的目標，公司治理的主要作用是對企業的經濟活動進行協調、監督和控制的優化，包括企業的投資行為、企業的融資決策、高管激勵等。因此，本書的理論基礎主要涉及委託代理理論（信息不對稱理論）、投資理論、融資理論（資本結構理論）和激勵理論等，其中，代理理論是產生公司治理問題的基礎性理論。

2.1　代理理論與中國國有公司治理問題

2.1.1　代理理論概述與分析範式

委託代理理論（principal-agent theory）是制度經濟學契約理論（contract theory）的主要內容之一①，主要研究的委託代理關係是指一個或多個行為主體根據一種明示或隱含的契約，指定、雇用另一些行為主體為其服務，同時授予後者一定的決策權利，並根據後者提供的服務數量和質量對其支付相應的報酬。授權者就是委託人，被授權者就是代理人。委託代理理論的基礎前提條件是信息的不對稱性。信息不對稱（asymmetric information）指的是某些參與人擁有但另一些參與人不擁有的信息。信息的非對稱性可從以下兩個角度進行劃分：一是非對稱發生的時間，二是非對稱信息的內容。從非對稱發生的時間看，非對稱性可能發生在當事人簽約之前（ex ante），也可能發生在簽約之後（ex post），分別稱為事前非對稱和事後非對稱。研究事前非對稱信息博弈的模型稱為逆向選擇模型（adverse selection），研究事後非對稱信息

---

①　一般而言，契約理論應包括：激勵理論（incentive theory）、不完全契約理論（incomplete contract theory）和新制度交易成本理論（the new institutional transaction costs theory）。Williamson（1991）指出，契約的經濟學研究方法主要包括公共選擇、產權理論、代理理論與交易成本理論四種[49]。

的模型稱為道德風險模型（moral hazard）。從非對稱信息的內容看，非對稱信息可能是指某些參與人的行為（action），研究此類問題的，本書將其稱為隱藏行為模型（hidden action）；也可能是指某些參與人隱藏的知識（knowledge），研究此類問題的模型本書稱之為隱藏知識模型（hidden knowledge）。

委託代理理論的一般分析範式為：$\text{Max} \sum U(Y, A, I, C)$。其中，$Y$ 是委託人給代理人的報酬；A 是代理人在經營中的投入，反應了代理人的努力水準；I 是經營過程中影響經營業績的其他隨機因素；C 是委託人監督代理人努力水準付出的成本；U 是效用函數（委託人效用函數為 U_1，代理人效用函數為 U_2）。這一模型表明，在委託代理關係中，委託人和代理人都是為了實現各自的利益最大化，委託人要實現自己的效用目標，代理人在代理經營過程中也要實現其效用目標。模型 $\text{Max} \sum U_2(Y, A, I, C)$ 對代理人來說，報酬 Y 可以寫成：$Y = G(X)$，其中 Y 不能低於代理人不接受此代理關係所能獲得的最高報酬，即委託人支付的報酬不能低於代理人的機會成本，否則代理人不會接受此代理關係。這裡的 X 是最終可觀察到的產出，即代理人的代理績效，它可以寫成：$X = F(A, I)$。這相當於一個生產函數，產出水準 X 由代理人的努力水準 A 和其他狀態變量 I 所決定，由此可以看出代理人的報酬取決於經營績效。由於委託人提出的報酬方案 Y 是給定的，I 的值對於代理人來說是可觀察的，因此，

代理人的行為可以表示為：$A^* = H(I, Y, C)$。其中，A^* 是代理人效用 U_2 最大化時的最佳努力水準。可見代理人的努力水準由狀態變量 I、委託人報酬方案 Y 和監督成本 C 聯合決定。委託人的效用目標可以表示為：$\text{Max} \sum U_1 (X, Y, A^*, I, C)$。它表明委託人的效用水準是產出水準、支付代理人的報酬、代理人最優投入水準、狀態變量和監督成本的函數。其中，除報酬方案 Y 和監督費用 C 之外，其餘變量都是委託人不可觀察的，但 A^* 受 Y 和 C 這兩個委託人可觀察或控制的變量的影響。因此，這一模型對於委託人的意義是：委託人對於代理人要確定恰當的報酬形式 Y，同時制定恰當的監督方案，預算出必要的監督成本 C，以激勵和約束代理人採取最優行為 A^*，實現委託人效用最大化。

2.1.2　代理理論與兩類公司治理代理問題

委託代理問題由來已久，且很早就被經濟學家觀察到。亞當·斯密（Smith, A）於 1774 年在其著作《國民財富的性質和原因的研究》中就指出：「在錢財的處理上，股份公司的董事為他人盡力，而私人合夥公司的伙員，則純是為自己打算。所以，要想股份公司的董事們監視錢財用途，像私人合夥公司伙員那樣用意周到，那是很難做到的。……這樣，疏忽和浪費，常為股份公司業務經營上多少難免的弊端[50]。」這顯然已經觸及了由企業管理者和資本所有者的利益不一致而引起的委託代理問題。但在相當長的一段時間裡，企業所

有權和控制權的分離情況並不是很普遍和很嚴重，代理問題並沒有成為一個很突出的問題，故委託代理問題沒有得到學術界的重視。不過，自 1932 年 Berle 和 Means 發現企業所有權和控制權分離現象越來越嚴重後，委託代理問題成了學術研究的熱點話題。伯利和米恩斯（1932）將委託代理問題視為資本主義系統的阿喀琉斯之踵（achilles heel）[51]。與西方企業代理問題主要是由股東所有者與管理者的高度分離所致不同的是，中國國有企業的代理問題主要表現為企業管理者的「內部人控制」。國有企業的股份主要由政府持有，但政府並不直接參與企業的生產經營活動，政府官員既沒有能力也沒有足夠的動機去監督企業管理者，所以企業的管理者事實上控制了國有企業。

除股東與管理者之間的代理問題外，中國還存在較為嚴重的控股股東/管理者與外部投資者之間的代理問題，表現為控股股東對外部中小投資者的利益侵占問題。這類問題首先由 Claessens et al.（2000）和 Faccio et al.（2001）於東亞國家發現。他們發現，控股股東的現金流權與投票權分離程度越嚴重，企業的市場價值越低，表明市場對控股股東可能的侵占行為進行了折價。一般而言，如果法制治理水準較弱，公司財產法律保護水準較低，為了保障自身財產的安全性，公司所有者會採取提高對公司的控制權比例的方式。這是因為，控制權比例越高，所有者越可能控制其財產收益，免受管理者或其他股東的侵占。控股股東的存在，一方面由於對

經營者監控成本較低而可能有效監督經營者，提高公司治理水準，降低財產所有者與企業管理者之間的代理成本，與中小股東形成利益聯盟效應；另一方面，由於自身的偏好或其他原因，控股股東可以直接借助控制權成為經營者，這樣企業所有權與經營權並沒有實現有效分離。在這種情況下，作為管理者的控股股東可借此獲得控制權收益。控制權收益表現在許多具體的方面，如通過組合其他股東的資金來實現自己對公司戰略或經營方向的偏好，利用上市公司的資金來拓展母公司的品牌、技術或投資項目，操縱上市公司進行對自己有利的關聯交易，利用控制權占用上市公司的資金，增加巨額的在職消費，等等。這樣，企業與中小投資者之間的委託代理關係就表現為控股股東對中小投資者的利益侵占行為[52-53]。中國上市公司的大股東普遍持有較高的股份，公司管理者也大多來自控股股東，由此控股股東可以控制公司的生產經營決策和財務決策，做出有可能侵占其他股東利益的決策。此外，中國上市公司主要由原來國有企業改制而來，在上市過程中進行了大量的資產剝離，且上市部分的資產相對較好，故大股東非常有可能利用上市公司的資源對其他非上市公司部分進行補貼，如中國上市公司存在較為嚴重的大股東資金侵占問題、關聯交易問題等。

2.2 投資理論與投資行為的扭曲

財務理論認為，投資是由資本的邊際收益率（內含報酬率）和期望報酬率決定的。投資的邊際收益率是指使投資的未來預期收益的貼現值等於投資的當前成本的貼現率。投資活動的主要目的在於，在保障淨現值大於零的基礎上創造最大化的淨現金流，然而，在現實中，大量文獻卻發現，企業進行了大量投資卻並沒有收穫期望的現金流，或者在擁有較好的投資機會且在有資金能力進行投資的情況下卻並沒有進行投資，表現為過度投資和投資不足。

2.2.1 代理理論與投資行為扭曲

首先，代理理論認為企業管理者與公司股東之間的利益差異導致了公司投資行為的扭曲。Jensen 和 Meckling（1976）認為企業的投資行為往往體現管理者的目標，而非股東價值最大化。這是因為管理者對待投資項目風險的態度和處理方式與股東存在較大的差異，如管理者主要關心自己的短期收益，而自己的薪酬又與公司規模具有非常大的關係，故在企業進行投資決策時，管理者有可能會基於自己的利益考慮，選擇有利於自己而非有益於股東的擴大投資項目等過度投資決策的行為[5]。Murphy（1985）認為管理者存在使企業的發

展超出理想規模的內在激勵（帝國建造傾向），通過不斷的投資新項目，經理人可以控制更多的資源[27]。Jensen（1986）發現，當企業存在大量的自由現金流時，企業的管理者有可能將企業的自由現金投資於能夠給其帶來非貨幣收益，但不能給企業帶來淨現值卻可以擴大企業規模的投資項目上，從而導致企業過度投資行為的發生[10]。Narayanan（1985）發現企業管理者任期越長，投資短期化的空間越小；投資項目風險水準越高，投資短期化的行為越嚴重[56]。由於中國國有企業的高管內部人控制現象較為嚴重，故管理者與股東的利益差異會導致企業的投資行為扭曲。此外，中國國有企業尤其是中央國有企業的高管聘任由政府控制，高管任期具有很大的不確定性，在政治晉升的激勵下，高管的短期化投資行為也將更為突出。

其次，代理理論認為股東與債權人之間的代理衝突也會導致投資行為的扭曲。由於債權人和股東在法律地位、對企業控制能力和分配等方面的差異，以及法律上對股東利益至上理論的趨向，導致企業的治理結構主要面向企業的股東，即把股東利益置於債權人利益之上，如董事/高管未盡信義義務等。能夠使企業價值最大化（股東與債權人財富之和）的經營決策並不一定能夠同時使股東財富和債權人財富最大化。Jensen 和 Meckling（1976）以及 Myers（1977）提出了股東—債權人衝突的兩種經濟後果：資產替代（asset substitution）與投資不足（under investment）。Jensen 和 Meckling（1976）

認為，在負債比重較大的籌資結構下，股東/經理具有強烈的動機去從事那些儘管成功機會甚微，但一旦成功將獲利頗豐的投資。因為，一旦這些投資成功，他將獲得大部分收益；而若失敗，則由債權人承擔大部分費用。他們同時指出，這個問題不能輕易地拋開，並將此問題導致的機會財富損失歸納為第一種負債代理成本[5]。Myers（1977）則認為，當經理與股東利益一致時，經理將拒絕那些能夠增加企業市場價值，但預期的收益大部分屬於債權人的投資。顯然，負債削弱了企業對某些淨現值（NPV）為正的項目進行投資的積極性，減少了企業現行市場價值[6]。中國國有企業的股權投資人主要是政府，而債權人也主要由政府控制，故國有企業的債務約束力比較弱，且中國破產法非常不完善，債權人很難通過破產等法律途徑來追加債權，這也在一定程度上加劇了債權人的弱勢地位，故股東與債權人之間的利益衝突也會導致中國企業的投資行為扭曲問題。

2.2.2 人力資本理論與投資行為扭曲

人力資本理論認為管理者出於累積專用人力資本的考慮偏向於投資長期項目，不論其是否對企業價值最優。Shleifer 和 Vishny（1988）認為管理者偏愛投資於那些能增加自己專用人力資本的長期項目而不是短期項目，且不論這些項目是否對股東有利，因為這將增加他們穩固自己職位的機會[54]。在此基礎上，Noe 和 Michael（1997）提出敲竹杠損失理論

（hold up losses theory），研究管理者人力資本專用性特徵和投資決策權的分配對管理者投資行為的影響以及股東的對策。該理論假設，企業存在兩個互斥的投資項目：長期投資與短期投資，從現金流量現值來看，兩個項目都大於零，長期項目的現金流量現值可能大於也可能小於短期項目產生的現金流量現值，從股東價值最大化的角度出發應該選擇具有較大現金流量的項目，而不論項目的期限長短，然而管理者往往選擇長期投資項目。原因在於當管理者基本能力已經獲得認可後，人力資本專用性價值對企業的發展特別重要，股東與管理者簽訂的契約不再體現股東的壟斷性，雙方都具備談判能力，而且管理者談判能力的大小取決於資本專用性價值的高低。該理論認為長期項目使管理者的留任對於項目的成功更加重要，在項目的現金流量實現之前，管理者可以威脅離開公司以謀求報酬的增加，由於這種威脅是可信的，長期項目使得管理者的地位更加穩固，這是典型的敲竹杠行為，通過敲竹杠，管理者獲得專用性人力資本租金。企業管理者任職時間越長，其企業專用性人力資本價值越高，越有可能實施長期投資決策，即使這種投資決策對於股東來說並非價值最大化。然而如果股東存在合理預期，期望管理者進行短期項目投資以減少敲竹杠損失，就會設計一個以短期盈餘為基礎的報酬契約誘導公司進行短期投資。管理者任期越長，管理者的人力資本專用性價值越大，管理者對公司的價值就會超過替換管理者的價值，投資短視行為會隨著管理者的任期

增加而增加，敲竹杠損失和管理者短期投資的成本之間有一個此消彼長的替代關係[55]。

2.2.3 信息不對稱理論與投資行為扭曲

企業進行投資決策時將考慮外部金融市場對企業投資所需募集資金的影響。信息不對稱理論認為企業與資本市場的非對稱信息將導致企業利用融資資金投資 NPV 為負的投資項目。Myers（1984）、Myers 和 Majluf（1984）都認為，在企業外部投資者和內部經營管理者之間存在著有關企業現有資產價值或企業投資項目的預期現金流收益方面的信息不對稱時，企業為實施投資項目所發行的融資證券有可能在資本市場上被投資者高估或低估，企業證券的高估或低估會導致企業投資決策中的過度投資或投資不足行為的發生[57-58]。Narayanan（1988）、Heinkel 和 Zechner（1990）等認為，當企業融資過程中的信息不對稱僅限於新投資項目的預期現金流收益時，有可能會發生過度投資的行為。也就是說，部分淨現值為負的項目可能會被實施。原因在於，當新項目是否被實施作為唯一可觀測的信號時，用項目的淨現值將企業完全區別開來是不可能的。證券市場均衡中包含了許多具有不同的以平均價值定價發行證券的淨現值項目。那麼，項目淨現值低的企業將從高估權益證券出售中獲利，其獲利可能會超過負淨現值項目的損失。因此，存在一個負的淨現值投資決策點，所有高於該淨現值的項目都會被實施[59-60]。

綜上，債轉股通過股東結構的變化以及股東—債權人身分的變化來對公司的投資行為發揮積極影響，故代理理論框架下的管理者與股東、股東與債權人之間的利益衝突對投資行為的影響將成為本書後續理論分析中的主要解釋理論（dynamic trade-offtheory）。

2.3　融資理論與資本結構的選擇

針對企業融資行為的不同，目前學術界有三種主要的解釋理論：靜態權衡理論（static trade-off theory）、優序融資理論（pecking order theory）和動態權衡理論（dynamic tade-off theory）。

2.3.1　靜態權衡理論與資本結構決策

靜態權衡理論認為，在假定企業投資水準和現有資產不變的情況下，企業存在一個最優的資本結構，最優資本結構是企業權衡負債融資的邊際收益和邊際成本的結果。假定企業價值的公式為：$V(a) = Vu + TD(a) - C(a)$。其中，V 表示有負債的企業價值，Vu 表示無負債的企業價值，TD 表示負債給企業帶來的收益，包括稅盾效應和降低股權融資下的代理成本等；C 是負債給企業帶來的成本，包括破產成本、財務困境成本和債務融資下的代理成本等；a 是舉債企業的負

債權益比。根據權衡理論，Vu 是不變的常量，而 TD 和 C 都是 a 的增函數。在 a 較小時，TD 的增量速度高於 C 的增量速度，此時企業繼續債務融資是有利的；但隨著 a 的增加，當 TD 的增量速度等於 C 的增量速度時，企業的債務融資比例達到臨界點，此時企業價值最大。若 a 繼續上升，則 TD 的增量速度將小於 C 的增量速度，此時債務融資的破產成本高於收益，將損害企業價值。因此，最優資本結構存在於稅賦成本節約與財務困境成本和代理成本相互平衡的點上。

2.3.2 優序融資理論與資本結構決策

優序融資理論主要由 Fazzari et al.（1988）論述。該理論認為，在信息不對稱的情況下，為降低逆向選擇帶來的融資成本，企業最優的融資策略是優先選擇來自留成收益的內源融資，這是因為內源融資主要來源於企業內部自然形成的現金流，等於淨利潤加上折舊減去股利，不需要與投資者簽訂契約，也無須支付各種費用，所受限制少，此時，融資成本最低；當內部資金來源不足以彌補投資需求而出現融資缺口（financial deficit）時，次優的選擇是融資成本稍高一些的負債融資，如銀行借款或發行債券，權益融資僅作為最後的融資手段被採用。因此，企業的融資選擇遵循的是一種優序原則，現實中觀察到的企業資本結構是企業內源資金與投資需求之間差額的累積結果，不存在目標資本結構[61]。

2.3.3　動態權衡理論與資本結構決策

　　Leary 和 Roberts（2005）在假定企業不經常調整資本結構的情況下，構建了一個企業融資決策的動態模型。在他們的模型中，調整成本函數為企業債務融資和權益融資的行政成本、法律成本等固定成本加上可變成本的凸函數。該模型研究了以下幾方面的問題：首先，調整成本是否在企業融資決策中發揮作用；其次，企業融資決策是否遵循著一個動態的調整過程；最後，如果存在再調整，那麼調整的時間間隔有多長、幅度有多大。結果表明：①企業存在目標資本結構區間。與均值反轉現象有些類似，如果企業的資本結構處於較低（高）的水準，或者出現了明顯的下降（上升），則企業會調高（低）負債比率。當負債比率處於目標資本結構區間時，企業不會積極地調整資本結構；只有當負債比率偏離目標區間時，企業才會調整其資本結構。②市場時機會影響資本結構的調整，但調整成本對資本結構調整的影響更大。當企業股票價格相對較高時，企業會發行股票進行權益融資，這與市場時機理論相一致，但在下一階段，企業將會通過負債融資或股票回購來提高其負債比率，而不是通過進一步的股票發行或債務償還來降低負債比率。企業對股票發行而導致的負債比率下降進行調整的平均時間短於 2 年。③當面臨股票價格上升的衝擊時，企業調高資本結構的頻率高於調低資本結構的頻率。企業應對股票價格上升衝擊導致的資本結

構調整時間為 2 年[62]。

融資理論建立於存在信息不對稱和代理問題的基礎之上。在債轉股情形下，由於銀行等金融機構成了企業的股東，故企業與銀行之間純粹的債務人—債權人銀企關係轉變成了同時融合債務人—債權人、被投資人—股東兩重關係的混合結構，這將顯著改變銀行與企業之間的信息分佈和決策變量，從而影響債轉股企業的融資決策和資本結構的選擇。

2.4 激勵理論與高管薪酬設計

在企業發展的過程中，代理問題和所有權與經營權分離的出現帶來了激勵問題。激勵理論是行為科學中用於處理需要、動機、目標和行為四者之間關係的核心理論。行為科學認為，人的動機來自需要，由需要確定人們的行為目標，激勵則作用於人的內心活動，激發、驅動和強化人的行為。激勵理論是業績評價理論的重要依據，說明了為什麼業績評價能夠促進組織業績的提高，以及什麼樣的業績評價機制才能夠促進業績的提高。目前主要的激勵理論有三種，分別為代理理論、人力資本理論和錦標賽理論。

2.4.1 代理理論與高管激勵

股東與管理者之間的代理衝突是對高管實施激勵的重要

理論基礎。專業化分工使得管理者比股東能夠更好地管理公司。所有權與經營權分離後，雖然管理者能夠改進公司績效，但由於信息的非對稱性與合約的不完備性，自利的管理者有動機以損害股東利益為代價來追求自身效用最大化。兩權分離後，股東享有公司的所有權與剩餘索取權，管理者擁有公司的經營權，權力的非對等性導致了管理者的道德風險。由於股東難以直接觀察到管理者的努力水準及其行為，故加強最後的業績結果與高管薪酬的對應關係可以提高高管的積極性，在一定程度上減少高管與股東的代理問題。

2.4.2　人力資本理論與高管激勵

人力資本理論認為，相對於物質資本而言，優秀的管理者等人力資本對企業績效的貢獻更為重要，故股東應將企業的長期績效與高管的薪酬相結合，共同分享企業價值的成長，如以長期業績進行考評、實施股權激勵、限制性股票期權等。將高管薪酬與企業的長期績效相結合，不僅能夠從物質角度激勵高管努力工作，而且作為一種人力資本價值的體現，滿足了管理者自我價值實現的需要，從而在精神層面激勵管理者努力工作。

2.4.3　錦標賽理論與高管激勵

錦標賽理論認為，當監督是可信的且成本可承受的時候，可以根據高管的邊際產出確定其薪酬，從而獲得最優努力水

準。在監督困難的條件下，薪酬基於高管邊際產出的排序，而不是具體的邊際產出，因為邊際產出的排序要比邊際產出的準確度量來得簡單，因此可以降低監控成本。同時，錦標賽理論還認為薪酬差距對組織績效是有影響的。要誘使競賽者努力，必須付出相對高的獎金來激勵他們，若以較大的獎金（薪酬差距）誘使高層管理人員產生較大的動力，則他們必然產生出較大的產出及較高的績效。因此監督成本高的時候，若以相對績效來激勵高管，會優於以絕對績效來激勵，高的競賽獎金（薪酬差距）則會給競賽者大的動力，在贏家與輸家的競爭下，他們競賽努力的成果終將會提升組織的績效（Lazear 和 Rosen，1981）[63]。

　　隨著債轉股後股權結構和董事會結構的改變，銀行等債權人股東有機會改變公司原有的高管激勵政策以更好地激勵高管，但銀行股東對高管激勵政策的選擇卻具有較大的局限性：銀行股東並不比原股東對企業的經營業務和高管有更深的理解，銀行持股具有期限性，即銀行對實體經營企業的持股並非其主要的經營業務，需要在合適的時間退出企業的股權投資。因此，銀行股東可能並不關心高管的人力資本問題，在提高監督的基礎上更關注高管薪酬與最終業績的對應關係，以及督促企業設計一定的激勵機制，如相對薪酬差距等激勵高管更加努力。

3　債轉股的投資決策優化效應

3.1　理論分析與研究假說

　　傳統理論認為，企業的投資決策與融資決策是互相獨立的，這是因為在完善的資本市場裡，所有的企業有相同的機會進入資本市場，外部資金是企業內部資金的替代。如Modigliani和Miller（1958）認為在資本市場有效和公司不存在代理成本的環境下，公司為使企業達到價值最大化的投資決策取決於投資機會和項目的淨現值（NPV），而與投資項目的資金來源沒有關係[16]。然而，在現實世界裡，財務學家們普遍認為，企業的資本投資決策深受信息和代理問題的影響，投資深受融資優序（financing hierarchy）的影響，即企業的融資約束會影響企業的投資決策，投資決策並不獨立於融資決策（Fazzari，Hubbard and Peterson，1988）[61]。基於信

息不對稱和代理理論，股東—債權人、股東—經理之間的信息不對稱是投資決策必須考慮融資約束的兩個重要因素。

　　股東—債權人之間的信息不對稱和代理衝突是造成公司存在融資約束問題的重要來源。Jensen 和 Meckling（1976）和 Myers（1977）則基於股東—債權人的利益衝突提出了企業的投資決策可能會出現資產替代（asset substitution）問題和投資不足（under investment）問題。Jensen 和 Meckling（1976）認為，在財務槓桿較高的融資結構裡，股東或經理將具有強烈的動機去從事那些儘管成功機會較小但一旦成功收益巨大的投資項目，這是因為這些投資項目一旦成功，他將獲得大部分收益；相反的是，如果投資項目失敗，債權人則將承擔大部分投資支出，故他們將此問題導致的機會財富損失歸結為一種負債的代理成本[5]。Myers（1977）則認為，當經理與股東利益一致時，經理將拒絕那些能夠增加企業市場價值，但預期的收益大部分屬於債權人的投資。顯然，負債削弱了企業對某些 NPV 為正的項目進行投資的積極性，減少了企業現行市場價值[6]。Smith 和 Warner（1979）也認為，如果經理代表股東的利益，則發行風險債券企業的經理有動力設計那些對股東有利但損害債權人利益的經營策略和財務結構。他們將股東與債權人之間的衝突歸納為四種來源：股利支付（dividend payment）、求償權稀釋（claim dilution）、資產替代（asset substitution）以及投資不足（under-investment）。至此，股東—債權人衝突對投資決策的影響已成為

眾多學者的共識，與之相關的實證檢驗文獻也提供了相應的證據[7]。Anderson，Mansi 和 Reeb（2003）發現股權結構會影響股東—債權人之間的利益衝突。由於家族股東相對於其他股東來說比較關注企業的長期生存能力和企業聲譽，所以，家族股東更願意最大化企業價值，而不是股東價值。因此家族股東與債權人之間的利益分歧相對較小，從而減少負債融資成本[64]。伍利娜和陸正飛（2005）採取實驗研究方法，發現資產負債率與投資不足及過度投資行為均呈現正相關關係；而企業的盈利狀況越差，越會加劇這種投資不足和過度投資行為的發生[8]。

　　然而，在債轉股企業裡，企業的債權人同時又是企業的股東，則股東和債權人合一的特殊的雙重身分將影響企業的融資結構與投資決策之間的關係。作為企業的債權人，其主要目標是到期收回本金並獲得約定的利息收入，強調的是貸款的安全性，那麼，他將同時利用債權人和股東兩種身分對企業的投資決策發揮影響力，使企業的投資決策有利於貸款的安全性和風險的可控性。一方面，債權人在與企業簽訂借款契約時，可以設定一些條款約束企業的投資行為，如限定貸款資金專款專用，限制企業的現金分紅，限制企業新的債務融資等，通過這些條款，促使企業更有效率地使用貸款資金，減少過度投資和投資不足問題；另一方面，債權人可以利用股東身分更為便捷地影響企業的投資決策，如可以通過股東大會，甚至直接派出董事參與企業的投資決策，減少過

度投資和投資不足問題，進而減少股東與債權人之間的利益衝突。

　　作為企業的股東，其主要目的是獲取高額現金分紅或股權價值的升值，強調的是資金的收益性，那麼，同時作為企業股東的債權人為了股東財富最大化，也有動機利用債權人的資金實現債權人財富向股東財富的轉移。這樣一來，即使債權人作為企業的股東收穫了股權的價值，卻仍然損害了債權的價值，故債權人作為企業的股東也將減少投資決策所導致的股東與債權人之間的利益衝突。因此，從股東與債權人利益衝突的視角來看，債轉股企業中債權人和股東合一的性質，不論是基於債權人的角度還是基於股東的角度，都將減少企業的非效率投資行為，即減少過度投資和投資不足行為。

　　股東與經理之間的信息不對稱和代理問題也是引發企業非效率投資的另一重要來源。代理問題對投資決策的影響機制主要是圍繞著經理的私人收益和私人成本兩條線索展開的。資本投資之於經理的私人收益理論主要源於 Jensen（1986）提出的「企業帝國」看法，該理論認為管理者會基於自利動機偏離股東財富最大化的理財目標，致力於擴張自己的企業帝國，投資於一些有損股東財富，但卻能夠給他們自身帶來利益的項目，導致出現追求投資規模而非投資效益的過度投資行為。Bates（2005）、李辰和張翼（2005）等的經驗證據顯示管理者出於自身利益的考慮將進行過度投資[65-66]。經理的私人成本理論認為，企業的資本投資對於經理而言是存在

成本的（Bertrand et al., 2003；Aggarwal et al., 2006）[67-68]。比如，當企業決定加大投資以擴張產能或對現有的項目進行更新改造以提高設備使用效率時，管理者需要研究投資項目的各種方案（如可行性、收益性、風險性等分析），需要為此籌備資金來源，甚至需要學習新的知識以提高自己對投資項目的判斷能力和管理能力；當項目啟動後，管理者需要肩負相比之前更大的監管責任，且還面臨著更大的風險和壓力（如假如新投資項目的收益不如預期，甚至以失敗告終，則不僅會影響管理者的年度評估和薪酬，還將影響管理者的市場聲譽），這樣，管理者較為習慣的之前的平靜生活可能由此被打亂，管理者不得不付出更多的時間、更大的精力以應付資本投資項目帶來的風險及其壓力。如果承認管理者在資本投資上存在私人成本，則可以合理推斷，當投資項目之於經理的私人成本高昂時，管理者將可能放棄一些淨現值為正的投資項目，由此導致投資不足。

不過，根據相機治理機制理論（Jensen et al., 1976；Jensen, 1986），負債融資能夠抑制股東與管理者之間的利益衝突，即負債可被視為一種公司治理的工具，其主要機理在於負債融資的契約屬性。首先，負債融資要求債務人到期無條件歸還本金和支付利息的強制性契約性質可以減少可供管理者自由支配的現金，進而防止管理人員利用企業的閒置資金進行非營利項目投資的過度投資行為；其次，由於利益的相關性，債權人有動機對企業的管理人員實施必要的監控，

控制權的狀態依存性迫使企業在不能按期償還債務時，實現公司控制權向債權人的轉移。最後，債務融資還被視為一種擔保機制，由於管理人員的效用依賴於其董事或管理職位，從而依賴於企業的生存，倘若企業經營不善而破產，此時管理人員就必須承擔與失去任職好處相關的一切破產成本，而破產對管理人員的有效約束取決於企業融資結構變化。隨著負債比例的上升，企業的破產概率也上升。管理人員為了避免失去自己的職位就會努力工作，約束自己，做出更好的投資決策，從而降低由於所有權與控制權分離而產生的代理成本，改善公司治理結構（Grossman et al.，1986）。因此，從股東—管理者利益衝突的視角來看，如果債權人和股東合一，股東也可以利用債權人的身分發揮債務監督功能，減少管理者出於私利而引起的非效率投資行為，即減少過度投資和投資不足行為。

據此，本章提出研究假說 1 和研究假說 2：

H1：債轉股企業的過度投資程度低於非債轉股企業。

H2：債轉股企業的投資不足程度低於非債轉股企業。

3.2 檢驗模型和研究變量界定

3.2.1 投資效率的估計

為檢驗上述研究假說，本書首先需要估計公司的投資效

率。參照 Richardson（2006）的做法，本書通過對如下的模型（1）進行 OLS 迴歸所得到的殘差來衡量投資效率指標：

$$NewInvt = \beta_0 + \beta_1 RevGrow + \beta_2 Cash + \beta_3 Age + \beta_4 AReturn + \beta_5 LagInvt + \beta_6 SIZE + \beta_7 LEV + Industry + Year + \varepsilon \quad (1)$$

其中，NewInvt 表示企業當年的新增投資，借鑑 Richardson（2006）、楊華軍和胡奕明（2007）、魏明海和柳建華（2007）的研究[69-71]，本書將其定義為：購置固定資產、無形資產及其他長期資產的支出+購買或處置子（分）公司的支出−處置固定資產、無形資產和其他長期資產而收回的現金−當期折舊額，本書用年初總資產對其進行了標準化處理。RevGrow 表示企業的成長性，用上年度營業收入的增長率表示，等於上一年的營業收入/上兩年的營業收入。如果成長性越好，說明公司越需要擴大投資進行產能擴張以滿足市場需求，因此成長性越好的公司，越可能進行更多的新投資。Cash 表示企業期初持有的現金儲備，用貨幣資金與短期投資之和表示，以期初總資產進行了標準化處理。期初持有現金越多的公司，一方面表明公司可能為了潛在投資而儲備了現金，另一方面基於提高現金回報率的考慮，公司也有動機進行投資。Age 表示企業年齡，從其上市年份開始算起。控制企業年齡有兩方面的考慮，一是企業年齡衡量了公司的產品生命週期，年齡越長，越可能處於成熟期，此時新增投資較少，反之則處於成長期，需要大量的投資以支持產品發展；二是企業年齡還反應了企業公開發行所募集資金的使用

情況，年齡越小的公司，需要把募集的資金投入項目中，形成大量新增投資，反之則募集資金基本上使用完畢，投資項目進入了經營期，新增投資較少。AReturn 表示企業股票的年度超額回報率，計算公式是考慮現金紅利再投資的年度回報率-A 股市場綜合年度回報率。超額回報率越高的公司，說明資本市場越看好公司的發展前景和成長機會，故公司越可能進行更多的投資以維持市場的預期。LagInvt 表示公司上一年的投資支出，計算公式與 NewInvt 一致。公司上一年的投資支出水準對本期的投資活動有兩方面的影響：一是如果公司上一年進行了大量投資，則由於慣性或投資項目的連續性，本期也將進行比較多的投資，故上一年的投資支出與本期投資支出呈現正相關關係；二是如果公司上一年進行了大量投資，且投資項目基本上建設完畢，則本期並不需要進行較多的新的投資，故上一年的投資支出與本期投資支出呈現負相關關係。SIZE 是公司規模，等於年初總資產的自然對數。大公司雖然絕對投資額比較大，但由於處於成熟期，相對投資規模則可能較小；小公司則處於成長期，需要進行大量投資以擴張規模，故公司規模與投資支出可能呈現負相關關係。LEV 是財務槓桿，等於年初負債總額/年初總資產。財務槓桿是公司財務狀況的重要衡量指標，如果槓桿率較高，則債務融資受到較強的約束或面臨更高的融資成本，從而會影響公司進行投資時的融資結構，進而影響公司的投資支出水準。此外，Industry 和 Year 是行業和年度虛擬變量。不同

行業的投資支出存在較大的差異，不同年份的宏觀經濟狀況、貨幣政策等也存在差異，故還需要控制行業和年份對投資支出的影響。ε 是迴歸誤差項，即本書的投資效率的衡量變量。對上述模型進行迴歸，得到的殘差 ε 即為投資效率，本書用 EInv 表示，它是公司實際投資額（NewInvt）與理想投資額（NewInvt*）之間的差額，也即投資偏離度。該指標大於 0 表示過度投資，值越大，過度投資程度越高；小於 0 則表示投資不足，值越小，投資不足程度越高；如果企業的投資處於理想狀態，該指標為 0。

3.2.2　檢驗模型的設計

為檢驗研究假說 1 和研究假說 2，本書採用如下模型（2）和模型（3）運用最小二乘法（OLS）分別進行迴歸：

$$EInvt^+ = \beta_0 + \beta_1 Bank + \beta_2 Bshare + \beta_3 Bsharesq + \beta_4 FCF + \beta_5 POE + \beta_6 Bigshare + \beta_7 Dual + \beta_8 Exeshare + \beta_9 Indirector + \beta_{10} Tobin-Q + \beta_{11} SIZE + \beta_{12} LEV + Industry + Year + \varepsilon \quad (2)$$

$$EInvt^- = \beta_0 + \beta_1 Bank + \beta_2 Bshare + \beta_3 Bsharesq + \beta_4 FCF + \beta_5 POE + \beta_6 Bigshare + \beta_7 Dual + \beta_8 Exeshare + \beta_9 Indirector + \beta_{10} Tobin-Q + \beta_{11} SIZE + \beta_{12} LEV + Industry + Year + \varepsilon \quad (3)$$

其中，Einvt$^+$ 和 Einvt$^-$ 分別表示過度投資和投資不足；Bank 表示債轉股企業的虛擬變量（或者也是存在銀行股東的虛擬變量，下文在分析中對債轉股與銀行持股這兩個概念不做區分），如果公司進行了債轉股或者存在銀行股東，則

Bank=1，否則 Bank=0；Bshare 表示債轉股企業中銀行股東的持股比例，等於銀行股東持有上市公司股份數/上市公司總股本數；Bsharesq 是 Bshare 的平方項。模型（2）中的估計係數 β_1 表示債轉股企業與非債轉股企業之間過度投資程度的差異，如果 β_1 顯著為負，則表明債轉股企業的過度投資程度比非債轉股企業要低；估計係數 β_2 和 β_3 分別表示銀行股東持股比例和持股比例的平方對過度投資的影響，如果 β_2 和 β_3 顯著，則表明銀行股東持股比例對公司的過度投資行為具有非線性的影響，具體而言，如果估計係數 β_2 顯著為正，估計係數 β_3 顯著為負，則表明銀行持股比例對公司的過度投資行為具有「倒 U 形」影響，先隨著持股比例的上升，公司過度投資的程度提高，然後到了一個拐點後，隨著持股比例的上升，公司過度投資的程度開始降低；如果估計係數 β_2 顯著為負，估計係數 β_3 顯著為正，則表明銀行持股比例對公司的過度投資行為具有「正 U 形」影響，先隨著持股比例的上升，公司過度投資的程度降低，然後到了一個拐點後，隨著持股比例的上升，公司過度投資的程度開始提高。類似地，模型（2）中估計係數 β_1、β_2 和 β_3 分別表示是否為債轉股企業、銀行股東持股比例和銀行股東持股比例平方對公司投資不足行為的影響。根據研究假說 1，即債轉股可抑制公司的過度投資行為，本書預計模型（1）中 β_1 顯著為負，β_2 顯著為負，β_3 不顯著；根據研究假說 2，即債轉股可減緩公司的投資不足行為，本書預計模型（2）中 β_1 顯著為正，β_2 顯著為正，β_3 不顯著。

3.2.3 控制變量的界定

除債權轉股權因素可能對公司的投資效率產生影響外，公司的自由現金流、公司規模等也是重要因素，具體說明如下：

FCF 是估算的上市公司自由現金流，計算公式是 $FCF = CFO - I_{maintenance} - I_{new}^*$。CFO 是公司的年度經營活動現金流量淨額，$I_{maintenance}$ 是為維持公司正常經營活動所需要的投資支出，等於固定資產的折舊和無形資產的攤銷，I_{new}^* 是估計的期望投資水準，等於迴歸方程（1）的擬合值。Richardson（2006）、楊華軍和胡奕明（2007）等發現公司的自由現金流與投資正相關，即公司在自由現金流充足時傾向於過度投資，當自由現金流不足時則投資不足[69-70]。

POE 是非國有公司的虛擬變量，如果上市公司屬於非國有公司，則 POE＝1，否則 POE＝0；產權約束不同，投資主體的投資行為也將不同。一般認為，國有公司的股東與管理者之間的代理成本較高，管理者更可能基於私利進行過度投資。Shielfer 和 Vishny（1994）認為在國有控股公司中，國有控股公司會基於自己的政治立場，利用自己掌握的權力對企業資源進行有目的的低效率投資，故國有企業存在「費用最大化」，進而導致投資最大化的傾向[72]。

Bigshare 是上市公司第一大股東的持股比例。大股東既可能利用股權優勢對管理者進行積極監管，發揮與外部投資

者（中小股東和債權人）利益聯盟（incentive alignment）的作用，進而減少股東與管理者之間的代理成本，又可以利用控股股東的地位，控制公司的董事會和管理層，進行以損害外部投資者利益為基礎的自我交易，出現「塹壕效應」。Hadlock（1998）的研究結果表明，控股股東有利於抑制企業過度投資但不利於促進其有效投資，因此，本書控制大股東控制權比例的影響[73]。

　　Dual 是兩職合一的虛擬變量，如果上市公司的董事長和總經理兩個職位由同一人擔任，則 Dual = 1，否則 Dual = 0。兩職分離是公司治理的重要機制，如果董事長和總經理均由同一人擔任，則公司的主要監督機構與經營機構均可能由一個人所控制，導致總經理等高層執行人員的權力過度膨脹，嚴重削弱董事會監督高層管理人員的有效性，產生自我復核、自我監督等風險，從而影響了公司的治理狀況。Rechner 和 Dalton（1991）以美國 141 家至少連續 6 年正常交易的公司為研究樣本，發現兩職分離公司的經營業績顯著高於兩職合一公司，表明依賴於單一領導人的公司並不能創造更好的公司價值。不過，吳淑琨等（1998）卻發現對中國現階段的上市公司來說，兩職是否合一與其績效之間並沒有顯著的聯繫[74-75]。

　　Exeshare 是高管持股比例，等於公司董事和公司管理層持有本公司股份數量除以本公司全部股份數（不重複計算董事和管理者的持股比例）。如果高管不持有公司股份或持股

比例很低，則高管與股東共同的利益收斂程度較低，但如果高管持股比例過高，則可能導致其他股東難以挑戰高管的權威從而形成高管控制權的「塹壕效應」，故高管持股比例過低或過高均可能導致公司產生較高的代理成本。已有研究表明，當薪酬契約無法對經理的工作努力和經營才能做出補償和激勵時，管理者更可能進行過度投資（辛清泉 等，2007）[76]。Davis 等（1982）的實證結果也表明經理通過過度投資最大化自己私人利益而非股東利益，進而表明增加管理層持股是解決過度投資問題的方法[77]。

Indirector 是獨立董事的比例，等於上市公司獨立董事人數除以公司董事人數。獨立董事是現代公司治理體系的重要機制，其主要目的在於利用外部獨立的專業人士的技能對公司的投資決策、經營活動等進行監督評價，保護外部投資的利益。葉康濤、陸正飛和張志華（2007）發現獨立董事能夠顯著地控制大股東的「掏空」行為，這表明獨立董事能夠改善公司的法人治理，因此，本書預計外部董事可能利用專業知識對管理者的投資決策進行監管和評價，有利於提高投資效率[78]。

Tobin-Q 是托賓 Q，用來衡量公司的投資機會，等於公司年末市值/公司重置成本 =（年末流通市值+非流通股份占淨資產的金額+負債帳面價值）/年末總資產。如果公司存在較多的投資機會，在資金資源有限的情況下，進行有效率的投資顯得尤為重要。Vogt（1994）的研究表明，投資機會越

多的公司，其投資支出也越多，因此需控制投資機會對投資效率的影響[79]。

SIZE 為公司規模，等於年末資產總額的自然對數。Conyon 和 Murphy（2000）的研究表明，管理者的私人收益是企業規模的增函數，往往規模大的公司管理者收益要高於規模小的公司管理者收益。所以，管理者會選擇增加自身財富而非對投資者最優的投資項目[80]。此外，公司規模還是風險、盈餘持久性、成長性和公司信息環境等因素的綜合替代變量。

LEV 為公司財務槓桿，等於年末負債總額除以年末資產總額。Jensen 和 Meckling（1976）認為，在負債較大的籌資結構下，股東/經理將具有強烈的動機去從事那些儘管成功機會甚微，但一旦成功將獲利頗豐的投資。因為如果這些投資成功，他將獲得大部分收益；而若失敗，則由債權人承擔大部分費用[5]。Myers（1977）則認為，當經理與股東利益一致時，經理將拒絕那些能夠增加企業市場價值、但預期的收益大部分屬於債權人的投資[6]。因此，資產負債率與投資不足及過度投資行為的發生均呈現正相關關係。不過，財務槓桿較高的公司，公司與債權人之間的代理問題較為嚴重，債權人為了保護其自身債權的安全性，會更大程度地約束公司的投資行為，即抑制公司的過度投資和投資不足行為，而且公司在投資新項目時必然受制於股權融資或債權融資問題，故債權人也有能力影響公司的投資行為。

3.3 樣本選擇和分佈描述

3.3.1 樣本選擇過程與數據來源

本書的研究樣本期間是 1999—2008 年。之所以選擇這個樣本區間，是因為 1999 年國務院公布了《關於實施債權轉股權若干問題的意見》，故銀行對企業的債權轉化為股權在法規上有了正式依據，因此，本書選擇 1999 年作為研究樣本的起始年份①。此外，CSMAR 數據庫提供了自 1999 年以來的股東數據資料也是本書選擇 1999 年作為研究樣本起始年度的重要因素；選取 2008 年作為研究樣本的末年，則是由於手工收

---

① 值得注意的是，在 1999 年國務院公布《關於實施債權轉股權若干問題的意見》之前，中國上市公司即存在銀行等金融機構持有上市公司股權的情況。本書認為，這部分股權也很可能是通過債轉股的途徑獲得。這是因為，中國在證券發行初期，幾乎所有的公司均為國有企業改制而來，為了改善公司的資本結構以順利上市融資，原國有企業有可能與銀行達成協議以進行債務重組，實施債權轉股權。因為債權的股權化一方面可以降低公司的財務負擔和優化資本結構，另一方面也可以使銀行在國家禁止參與證券市場的背景下獲得上市公司股權增值的收益。而且，雖然中國商業銀行法禁止銀行直接持有公司股權，但如果銀行持有了公司股權，監管部門也沒有很好的懲戒措施以要求銀行放棄股權，如常德市農業銀行自 2006 年受償債務開始持有金健米業（600127）且是第一大股東，被要求在 2 年內退出股權，但及至農業銀行整體上市，常德市農業銀行也沒有放棄股權。因此，在下文中，本書對債轉股與銀行持股交替使用，不作特別區分。穩健性檢驗部分檢驗了「債股權」與銀行持股可能存在的差異。

集銀行持有公司股權時的最新可利用數據期間是 2008 年①。本書進一步通過以下標準對數據進行篩選：①樣本公司必須是非金融類上市公司。這是因為金融類上市公司與工業企業等所從事的主營業務以及採用的會計和報告制度不一致，故本書遵循以往研究慣例，剔除了非金融類上市公司。②樣本公司不能在境內和海外（如香港證券交易所和紐約證券交易所）同時上市。本書設置該標準的目的是為了避免由於制度性差異對實證結果產生的潛在影響。這種制度性差異主要表現在融資市場的發達程度和對股份發行的不同的法律規定。之所以沒有像以前有些研究那樣同樣剔除同時發行 B 股的公司，是因為發行 B 股仍然遵循的是中國的法律制度和監管政策，在境內證券交易所發行和交易。③對迴歸中採用的研究變量，在公司/年度內有可用數據。④對部分連續變量進行了 Winsorize 處理，小於 1% 分位數與大於 99% 分位數的變量，令其分別等於 1% 分位數和 99% 分位數。通過上述標準篩選，本書獲得了最多 12,718 個公司/年度觀察值。由於基於橫截面數據的研究可能存在內生性問題，即比如債轉股與公司投

---

① 從時間上看，2008 年並不是可收集數據的最新年份，但本書手工收集數據結束於 2010 年 6 月底，而此時 CSMAR 數據庫還未提供完整的 2009 年股東數據和其他公司治理數據。由於本書所有的實證檢驗結果已整理成表且完成文字描述，若把後續的 2009 年和 2010 年數據納入則需要花費的成本很大；同時，本書樣本數據已經涵蓋了連續 10 年的期間，在統計檢驗時控制了時間等因素的影響，且 2009 年和 2010 年並沒有對本書的研究問題存在特殊影響，故增加 2009 年和 2010 年數據對本書的研究並不會增加多少價值。

资行为之间的关系可能并不是债转股对公司的投资行为有什么影响，而是公司本身的特质性因素即暗含了投资行为的差异①，故本书又收集了两个子样本进行稳健性检验，一是债转股样本，即样本公司进行了债权转股权，包括公司未进行债转股之前的观察值和债转股之后的观察值；二是债转股完成样本，即样本公司完成了债转股，通过债转股获得股权的债权人退出了公司的股东名单。为了更有效地区分这两个子样本，本书把前一个子样本叫做「银行股东进入样本」，即如果公司在开始时并没有银行股东，银行股东在样本期间是后面进入公司的；把后一个样本叫做「银行股东退出样本」，即公司在样本期间开始时有银行股东，但银行股东在后面退出了公司。这两个子样本可以控制公司本身的某些特质性因素，提供更为稳健的检验结论。银行股东数据以 CSMAR 数据库公司治理模块股东数据为基础，通过手工收集所得，并通过随机抽样，选取了 10% 的样本与公司在上海证券交易所、深圳证券交易所提交的年度报告进行了核对②。其他研

---

① 债转股和公司投资行为由公司的其他某些难以观察的特质性因素共同决定。

② 本书的银行股东不包括银行类信托机构，如中国建设银行广东信托公司。这是因为，信托公司所持有的公司股权可能并不真正属于银行，而可能是受托人名义上持有。一般而言，银行为了规避了国家法律禁止银行持有公司股权的规定而很可能通过设立自己的信托公司来进行股权投资，一个显著的例子是银行在国家进行贷款资本金管制时通过银行类信托公司进行贷款业务。但为了稳健起见，本书没有包括这部分样本。

究變量的數據均來自 CSMAR 數據庫或以 CSMAR 數據庫為基礎進行計算所得。本書所有數據的整理、計算和迴歸過程所使用的軟件均為 Excel 2007 和 SAS V8。

3.3.2 樣本年度分佈描述

表 3.1 的 Panel A 部分報告了銀行股東研究樣本的分年度分佈情況。從中可以看到，1999—2008 年共有 1,565 個公司/年度觀察值存在銀行股東，其中，2004 年和 2005 年具有最多的銀行股東觀察數，為 175 個，2001 年具有最少的銀行股東觀察數，為 142 個，兩者相差 33 個觀察數；從發展趨勢來看，銀行股東數呈現出了先減少後增加到再減少的趨勢，具體而言，1999—2001 年銀行股東觀察數處於逐漸減少的階段，從 1999 年的 161 個減少 2001 年的 142 個；2001—2005 年銀行股東觀察數呈現逐漸增加的趨勢，從 2001 年的 142 個觀察數增加到 2005 年的 175 個觀察數，這與銀行債權轉化為股權的工作不斷穩步推進有關；2005—2008 年銀行股東又呈現逐漸減少的趨勢，從 2005 年的 175 個觀察數減少到 2008 年的 145 個觀察數，這與當初銀行債權轉化為股權後需要適時的退出規定有關。

表 3.1 的 Panel A 部分還報告了不同金融機構持有公司

表 3.1 樣本的分年度分佈情況

Panel A：銀行股東樣本數量分年度分佈

銀行持股公司數	1999	2000	2001	2002	2003	2004	2005	2006	2007	2008	合計
	161	152	142	151	159	175	175	162	143	145	1,565
其中：											
信達/建行	47	53	47	54	60	58	65	55	48	49	536
	0.291,9	0.348,7	0.331	0.357,6	0.377,4	0.331,4	0.371,4	0.339,5	0.335,7	0.337,9	0.342,5
東方/中行	27	32	33	32	37	37	41	38	28	25	330
	0.167,7	0.210,5	0.232,4	0.211,9	0.232,7	0.211,4	0.234,3	0.234,6	0.195,8	0.172,4	0.210,9
華融/工行	73	66	56	54	63	67	63	51	41	45	579
	0.453,4	0.434,2	0.394,4	0.357,6	0.396,2	0.382,9	0.36	0.314,8	0.286,7	0.310,3	0.370,0
長城/農行	36	23	20	20	22	32	32	36	30	34	285
	0.223,6	0.151,3	0.140,8	0.132,5	0.138,4	0.182,9	0.182,9	0.222,2	0.209,8	0.234,5	0.182,1
其他	50	46	38	34	35	32	32	34	29	23	353
	0.310,6	0.302,6	0.267,6	0.225,2	0.220,1	0.182,9	0.182,9	0.209,9	0.202,8	0.158,6	0.225,6

表 3.1（續）

Panel B: 銀行股東持股比例分佈

Var	Mean	Min	D1	D2	D3	D4
銀行持股比例	0.090,5	0.000,3	0.004,2	0.006,9	0.011,9	0.025,8

D5	D6	D7	D8	D9	Max	STD
0.053,0	0.077,6	0.115,4	0.192,5	0.290,4	0.698,7	0.117,2

註：信達是指中國信達資產管理公司；東方是指中國東方資產管理公司；華融是指中國華融資融資產管理公司；長城是指中國長城資產管理公司；建行是指中國建設銀行；中行是指中國銀行；工行是指中國工商銀行；農行是指中國農業銀行。其他金融機構主要包括國家開發銀行，股份制商業銀行（如交通銀行、招商銀行、深圳發展銀行等），城市商業銀行以及城市/農村信用社。Mean 是平均值；Min 是最小值；D1 是十分之一位數，D2 是十分之二位數，以此類推；Max 是最大值；STD 是標準差。

股權的分年度分佈情況①。從中可以看到，華融資產管理公司/工商銀行持有最多公司的股權，共有 579 個觀察值，是 37%的公司的股東；作為最早成立的資產管理公司，信達資產管理公司/建設銀行持有第二多的公司股權，共有 536 個觀察值，是 34.25%的公司的股東；東方資產管理公司/中國銀行持有第三多的公司股權，共有 330 個觀察值，是 21.09%的公司的股東；長城資產管理公司/農業銀行持有最少公司的股權，共有 285 個觀察值，是 18.21%的公司的股東。除四大資產管理公司和四大國有銀行外，中國還存在其他銀行機構持有公司的股權，如國家開發銀行、商業銀行（交通銀行、招商銀行、深圳發展銀行等）、城市商業銀行以及城市/農村信用社等。可見，中國銀行類金融機構，不論是四大國有銀行、政策性銀行，還是商業銀行，抑或信用社，均廣泛持有了公司的股權。

表 3.1 的 Panel B 部分報告了銀行股東持股比例的基本描述性統計。從中可以看到，平均每家銀行持有上市公司

---

① 值得注意的是，雖然本書將信達/建行、東方/中行、華融/工行、長城/農行等劃分在一起，而且四大資產管理公司在成立時與四大國有銀行分別存在一定的對應關係，但並不表示這四大管理資產公司與四大國有銀行是畫等號的，即信達並不僅僅接收處理建行的不良債權資產處置業務，還可以同時接收處理其他三大國有銀行的不良債權資產處置業務，其他三大資產管理公司同樣如此，如信達在 1999—2001 年陸續政策性收購中國建設銀行、國家開發銀行不良貸款 3,946 億元，2004 年 6 月商業化收購交通銀行不良貸款 641 億元，2004 年 6 月商業化收購中國銀行不良貸款 1,498 億元，2005 年 6 月商業化收購工商銀行不良貸款 581 億元，2005 年 12 月商業化收購上海銀行不良貸款 30 億元，2007 年 5 月商業化收購深圳商業銀行不良貸款 35 億元。

9.05%的股權比例，持股比例最少的僅有 0.03%，持股比例最高的達到了 69.87%，說明不同公司和不同銀行的銀行股東持股比例存在巨大差異。持股比例的數據還表明，超過一半的公司銀行股東持股比例沒有超過 5%，表明銀行股東持股比例並不高。

3.3.3　樣本行業分佈描述

表 3.2 報告了研究樣本的分行業分佈情況。銀行股東樣本中，H-批發和零售貿易行業公司/年度觀察數最多，有 210 個，占比 13.42%；其次為 C7-機械、設備、儀表類行業，有 206 個公司/年度觀察數，占比 13.16%；占比超過 10%的還有兩個行業，一是 C4-石油、化學、塑膠、塑料行業，有 165 個公司/年度觀察數；另外一個 M-綜合類，有 176 個公司/年度觀察數。C2-木材、家具類行業的公司/年度觀察數最少，僅有 3 個，占比 0.19%；其次為 B-採掘業和 E-建築業，分別有 16 個公司/年度觀察數。與初始樣本相比，部分行業的差異比較明顯，如 H-批發和零售貿易行業，銀行股東樣本的比例與初始樣本之間的差異達到了 6 個百分點，差異率高達 86.47%，其次為 M-綜合類，銀行股東樣本的比例高出初始樣本近 5 個百分點，差異率達到了 79.86%，C6-金屬、非金屬行業的負差異則最大，即初始樣本的比例高出銀行股東樣本 3.91 個百分點，差異率達到了 43.06%，其次為 C8-醫藥、生物製品行業，兩者的差異有 3 個百分點，差異

率為50.35%。不過，匹配樣本同分佈 Kolmogorov-Smirnov 檢驗顯示，P=0.863,7，表明兩者來自同一樣本的假設並沒有被拒絕。因此，綜合而言，銀行持有上市公司的行業分佈與所有上市公司的行業分佈並沒有顯著差異，從而表明本書的研究樣本沒有行業的特殊性。

表3.2　樣本的分行業分佈情況

行業代碼及名稱	銀行股東樣本		初始樣本	
	數量	比例	數量	比例
A-農、林、牧、漁業	20	1.28%	361	2.49%
B-採掘業	16	1.02%	234	1.61%
C0-食品、飲料	64	4.09%	660	4.54%
C1-紡織、服裝、皮毛	65	4.15%	653	4.50%
C2-木材、家具	3	0.19%	36	0.25%
C3-造紙、印刷	24	1.53%	295	2.03%
C4-石油、化學、塑膠、塑料	165	10.54%	1,611	11.09%
C5-電子	45	2.88%	509	3.51%
C6-金屬、非金屬	81	5.18%	1,320	9.09%
C7-機械、設備、儀表	206	13.16%	2,285	15.73%
C8-醫藥、生物製品	48	3.07%	897	6.18%
C9-其他製造業	22	1.41%	193	1.33%
D-電力、煤氣及水的生產和供應業	72	4.60%	584	4.02%
E-建築業	16	1.02%	281	1.93%
F-交通運輸、倉儲業	69	4.41%	589	4.06%
G-信息技術業	91	5.81%	862	5.94%

表3.2(續)

行業代碼及名稱	銀行股東樣本		初始樣本	
	數量	比例	數量	比例
H-批發和零售貿易	210	13.42%	1,045	7.20%
J-房地產業	60	3.83%	600	4.13%
K-社會服務業	74	4.73%	470	3.24%
L-傳播與文化產業	38	2.43%	129	0.89%
M-綜合類	176	11.25%	908	6.25%
合計	1,565	100.00%	14,522	100.00%

註：行業代碼及名稱的依據為中國證監會2001年頒布的《上市公司行業分類指引》；銀行股東樣本是指上市公司具有銀行股東的樣本；初始樣本是指只剔除了非金融類上市公司後的樣本。

3.4 描述性統計

3.4.1 基本描述統計與均值比較

表3.3的Panel A部分報告了研究變量的主要描述性統計。Bank的平均值是0.117,3，即11.73%的公司/年度觀察值存在銀行性質的股東，表明大多數上市公司的股東中沒有銀行類金融機構。Bshare的平均值是0.008,2，表明銀行股東平均持有上市公司0.82%的股權比例；其最小值是0，最大值是0.698,7，表明有些上市公司不存在銀行股東，有些上

表 3.3　描述性統計

Panel A：基本描述統計

Variable	N	Mean	Median	Min	Max	STD
Bank	12,718	0.117,3	0.000,0	0.000,0	1.000,0	0.321,8
Bshare	12,718	0.008,2	0.000,0	0.000,0	0.698,7	0.044,6
Einvt	10,982	-0.000,1	-0.012,8	-0.355,5	0.531,9	0.073,7
FCF	10,940	-0.029,6	-0.025,2	-0.515,0	0.314,7	0.098,8
POE	12,718	0.283,5	0.000,0	0.000,0	1.000,0	0.450,7
Bigshare	12,717	0.407,7	0.389,8	0.039,0	1.000,0	0.169,2
Dual	12,711	0.144,6	0.000,0	0.000,0	1.000,0	0.351,7
Exeshare	12,716	0.011,2	0.000,0	0.000,0	0.691,4	0.109,7
Indirector	12,572	0.261,5	0.333,3	0.000,0	0.750,0	0.149,2
Tobin-Q	12,648	1.332,4	1.089,1	0.413,4	9.872,6	0.830,9
SIZE	12,718	21.158,2	21.051,7	18.366,9	25.247,0	1.033,6
LEV	12,718	0.516,0	0.486,7	0.069,6	3.805,4	0.327,5

Panel B：投資效率的差異比較

	Bank=0		Bank=1		(Bank=0)-(Bank=1)			
	Mean	Median	Mean	Median	Mean	T	Median	Z
Einvt	0.000,6	-0.012,4	-0.003,8	-0.015,2	0.004,4	2.17**	0.002,8	2.32**
Einvt$^+$	0.066,2	0.043,4	0.057,5	0.034,3	0.008,7	1.77*	0.009,1	3.14***
Einvt$^-$	-0.043,0	-0.035,2	-0.040,3	-0.032,3	-0.002,7	-2.6**	-0.002,9	-2.25**

註：***、**、*分別表示在1%、5%、10%的水準下顯著。

市公司則由銀行股東所控制，公司間存在較大差異。投資效率（Einvt）的平均值是-0.000,1，中位數是-0.012,8，表明平均而言，上市公司的投資行為呈現投資不足的特徵，這與Richardson（2006）對美國上市公司的研究結果相類似；Einvt的最小值是-0.355,5，最大值是0.531,9，表明有些上市公司存在較為嚴重的投資不足問題，有些上市公司則過度投資程度較為嚴重，不同上市公司間存在較大的差異；自由現金流（FCF）的平均值是-0.029,6，中位數是-0.025,2，表明平均而言，中國上市公司創造自由現金流的能力較弱，整體上經營活動收到的淨現金流量難以滿足投資需要。POE的平均值是0.283,5，即A股公司中28.35%的公司為非國有公司，這與中國證券市場中主要是國有公司的格局相符合。Bigshare的平均值是0.407,7，即平均而言大股東持有上市公司40.77%的股權，表明中國股權集中度比較高；其最小值為0.039,0，最大值是1，表明有些公司股權結構非常分散，有些公司則只有單一股東，公司之間存在較大差異。Dual的平均值是0.144,6，表明兩職合一的公司並不是很多，絕大部分實現了兩職分離。Exeshare的平均值是0.011,2，表明高管持股比例較低；其最小值是0，最大值是0.691,4，表明有些公司的高管不持有任何股份，有些公司的高管則持有公司大部分的股份，不同公司間存在較大差異。Indirector的平均值是0.261,5，中位數是0.333,3，表明平均而言中國上市公司的獨立董事比例是三分之一，這與中國證監會2001年發布

的《關於在上市公司建立獨立董事制度的指導意見》中規定「在二〇〇三年六月三十日前，上市公司董事會成員中應當至少包括三分之一獨立董事」[1]有關；其最小值是0，最大值是0.75，表明有些公司沒有一個獨立董事，有些公司則有四分之三的董事為獨立董事。Tobin-Q的平均值是1.332,4，大於1，表明整體上上市公司的市場價值大於公司的重置成本，存在較多的投資機會；最小值是0.413,4，最大值是9.872,6，表明有些公司存在較少的投資機會，有些公司則較多，不同公司間存在較大差異。公司規模（SIZE）的平均值是21.158,2。財務槓桿（LEV）的平均值是0.516,0，表明債務是公司資產擴張的主要來源之一；其最小值是0.069,6，最大值是3.805,4，表明有些公司基本上沒有負債，有些公司則資不抵債。

表3.3的Panel B部分報告了投資效率在債轉股與非債轉股兩類樣本公司間的差異比較。投資效率（Einvt）在非債轉股樣本中的平均值和中位數分別是0.000,6和-0.012,4，在債轉股樣本中的平均值和中位數是-0.003,8和-0.015,2，均值檢驗和中位數檢驗均顯著為正，表明債轉股樣本公司的投資效率要顯著高於非債轉股樣本公司。過度投資（$Einvt^+$）在非債轉股樣本中的平均值和中位數分別是0.066,2和0.043,4，在債轉股樣本中的平均值和中位數是0.057,5和0.034,3，均值檢驗和中位數檢驗均顯著為正，表明債轉股樣本公司的

---

[1] 詳細文件請參見證監發〔2001〕102號《關於在上市公司建立獨立董事制度的指導意見》，www.csrc.gov.cn。

过度投资行为要顯著低於非債轉股樣本公司；投資不足（Einvt⁻）在非債轉股樣本中的平均值和中位數分別是 $-0.043,0$ 和 $-0.035,2$，在債轉股樣本中的平均值和中位數是 $-0.040,3$ 和 $-0.032,3$，均值檢驗和中位數檢驗均顯著為負，表明債轉股樣本公司的投資不足行為要顯著低於非債轉股樣本公司。綜合上述三個指標的檢驗，本書發現債轉股可以約束公司的投資行為，減少公司的非效率投資，這與研究假說 1 和研究假說 2 相符。

3.4.2 相關矩陣分析

表 3.4 報告了變量之間的相關係數。Bank 與 Einvt 顯著負相關，表明債轉股公司的非效率投資行為要顯著低於非債轉股公司。Bshare 與 Einvt 顯著負相關，表明銀行股東持股越多，上市公司的非效率投資程度越低，這與研究假說一致。Bank 與 Bigshare、Exeshare、Indirector 和 Size 顯著負相關，表明債轉股公司的大股東持股比例較低，高管持股比例較低，獨立董事比例較低，公司規模較小。Bank 與 Dual、Tobin-Q 和 LEV 顯著正相關，表明債轉股公司的兩職合一比例較高，托賓 Q 值較大，財務槓桿較高。Bshare 與 POE、Bigshare、Exeshare 和 SIZE 顯著負相關，表明銀行股東持股比例越高的公司越不可能是非國有公司，大股東持股比例越低，高管持股比例越低，公司規模越小；Bshare 與 Tobin-Q 和 LEV 顯著正相關，表明銀行股東持股比例越高的公司，托賓 Q 值越大，

表 3.4 相關係數表

Variable	Bank	Bshare	Einvt	FCF	POE	Bigshare	Dual	Exeshare	Indirector	Tobin-Q	SIZE	LEV
Bank		0.506***	-0.020**	-0.007	0.011	-0.169***	0.019*	-0.036***	-0.047***	0.031***	-0.052***	0.110***
Bshare	0.997***		-0.027***	-0.003	-0.029***	-0.068***	-0.007	-0.019*	0.003	0.026**	-0.052***	0.059***
Einvt	-0.022**	-0.023***		0.000	0.023**	-0.006	-0.008	-0.015	0.000	-0.004	0.072***	0.001
FCF	0.020**	0.022**	0.172***		0.025**	-0.014	0.013	0.198***	0.016	0.067***	-0.028***	0.108***
POE	0.011	0.011	0.019*	0.008		-0.305***	0.103***	0.141***	0.188***	0.167***	-0.195***	0.126***
Bigshare	-0.171***	-0.175***	-0.014	-0.012	-0.310***		-0.060***	-0.054***	-0.140***	-0.232***	0.192***	-0.159***
Dual	0.019*	0.016	0.002	-0.001	0.103***	-0.059***		0.065***	-0.020**	0.059***	-0.091***	0.014
Exeshare	0.010	0.008	-0.005	0.071***	0.073***	-0.125***	0.066***		0.066***	0.044***	-0.091***	-0.072***
Indirector	-0.042***	-0.041***	0.036***	0.103***	0.188***	-0.137***	0.002	-0.164***		-0.056***	0.175***	0.136***
Tobin-Q	0.023**	0.026**	-0.020**	0.034***	0.149***	-0.260***	0.079***	0.088***	-0.123***		-0.317***	0.310***
SIZE	-0.046***	-0.051***	0.103***	0.050***	-0.183***	0.169***	-0.086***	-0.092***	0.157***	-0.370***		-0.045***
LEV	0.108***	0.109***	0.042***	0.083***	0.065***	-0.150***	-0.016	-0.207***	0.155***	0.091***	0.189***	

註：***、**、*分別表示在1%、5%、10%的水準下顯著。

財務槓桿率越高。此外，其他變量間的關係也比較明顯和合理，如 POE 與 Bigshare 顯著負相關，表明非國有公司的大股東持股比例顯著低於國有控股公司；Exeshare 與 Tobin-Q 顯著正相關，表明高管持股比例越高的公司托賓 Q 值越大；Indirector 與 LEV 顯著正相關，表明財務槓桿較高的公司，由於其所面臨的財務風險和代理成本較高，獨立董事的比例也相對較高；SIZE 與 LEV 顯著負相關，表明公司規模越大的公司，財務槓桿率越高。從中可以看到，主要解釋變量（Bank 和 Bshare）與其他控制變量之間的相關係數均不超過 0.2[①]，而且以 VIF 進行的多重共線性檢驗也發現 VIF 值均不超過 6，表明多重共線性問題並不嚴重影響本書的研究結論。

3.5 迴歸結果

3.5.1 全樣本迴歸分析

表 3.5 報告了全樣本投資效率的迴歸結果。過度投資樣本組中，Bank 的迴歸係數為 -0.055，在 5% 水準上顯著，表明銀行股東顯著地抑制了公司的過度投資程度，這與研究假

---

① 關於部分自變量之間高度相關所引起的多重共線性問題的詳細討論可參見 J. M. Wooldridge：「Econometric Analysis of Cross Section and Panel Data」（英文影印版，49 頁）或者 J. M. 伍德里奇：《計量經濟學導論：現代觀點》（中文版，91 頁）[81]。

表 3.5 全樣本投資效率的迴歸結果

	過度投資		投資不足		投資不足	
	迴歸系數	T值	迴歸系數	T值	迴歸系數	T值
Intercept	0.882	3.61***	-1.010	-10.3***	-1.024	-10.4***
Bank	-0.055	-1.97**	0.040	3.19***		
BShare					0.550	2.64**
BSharesq	0.875	3.57***			-0.949	-2.09**
	0.129	0.18				
	-1.252	-2.01**				
FCF	0.024	2.81***	0.010	1.72*	0.010	1.73*
POE	0.088	3.42***	-0.034	-3.22***	-0.033	-3.13***
	0.024	2.81***				
	0.087	3.39***				
Bigshare	0.086	1.22	-0.048	-1.67*	-0.050	-1.75*
	0.105	1.50				
Dual	-0.058	-1.90*	-0.012	-0.94	-0.010	-0.82
	-0.058	-1.89*				
Exeshare	0.665	1.59	-0.030	-0.46	-0.032	-0.49
	0.688	1.64				
Indirector	0.076	0.41	-0.063	-0.94	-0.054	-0.80
	0.068	0.38				
Tobin-Q	0.007	1.89*	-0.010	-1.05	-0.010	-1.05
	0.007	1.96**				
SIZE	-0.017	-1.59	0.031	6.90***	0.032	7.00***
	-0.017	-1.58				
LEV	-0.028	-2.21**	-0.001	-1.23	-0.001	-1.24
	-0.029	-2.27**				
Adj-R2	0.031,7		0.051,1		0.050,6	
	0.031,3					
F	5.63		12.67		12.17	
	5.42					
N	4,238		6,504		6,504	
	4,238					

註：***、**、* 分別表示在 1%、5%、10% 的水準下顯著。

說1一致。Bshare 的迴歸系數為0.129，不顯著，Bsharesq 的迴歸系數為-1.252，在5%水準上顯著，表明銀行股東持股比例與公司的過度投資程度呈現倒 U 形關係，具體而言，即當銀行股東持股比例不超過5.15%時，銀行股東對公司的過度投資行為沒有顯著影響，而當銀行股東持股比例超過5.15%，銀行股東可以顯著地降低公司的過度投資程度[①]。此外，FCF 的迴歸系數顯著為正，表明自由現金流越多的公司進行過度投資的程度越大，這與 Stulz（1990）、Richardson（2006）、楊華軍和胡奕明（2007）的研究結論一致。POE 的迴歸系數顯著為正，表明非國有公司進行過度投資的程度反而較國有公司高，與理論預測相反，其潛在的解釋原因可能在於：非國有公司進行大量投資是獲得政府和銀行優惠政策、信貸支持的重要條件之一。Dual 的迴歸系數顯著為負，表明兩職合一的公司過度投資程度較低，與代理理論預測相反，主要原因可能有兩個方面：一是中國正處於經濟轉型時期，各種制度體系、市場環境以及企業自身建設等都處於一個逐步完善的過程。例如，中國的上市公司大多數是由原來的國有企業經過改制發展而來的，其在組織結構、人事安排以及股份結構上仍留有計劃經濟時代的色彩，其所表現出來的諸

---

① 根據拋物線拐點計算公式可知銀行股東持股比例的拐點 = -0.129/2×(-1.252) = 0.051,5，即5.15%。5.15%位於本書樣本銀行股東持股比例範圍[0.000,3, 0.698,7] 之內，且根據分位數可以觀察到，5.15%並不位於極端分位數，故表明5.15%是一個可以作為判斷銀行股東持股比例對公司投資行為影響的有經濟意義的取值。後面的相關取值的計算公式和判斷方法與此一致。

多現象本身也就帶有某種階段性。二是兩職合一可能有利於企業創新自由地發揮，使企業能得到更好地生存和發展。這是因為經營活動的風險性特點以及以減少風險為主要任務的使命決定了必然賦予管理者相當程度的隨機處置權，從而使企業與環境保持相宜的協調性。Tobin-Q 的迴歸系數顯著為正，表明投資機會越多的公司過度投資的程度也越重，這與 Vogt（2004）的研究結論一致。LEV 的迴歸系數顯著為負，表明財務槓桿越高的公司過度投資的程度越低，這與 Jensen and Meckling（1976）和 Meyer（1977）的理論預測不一致，與伍利娜等（2005）的研究結論也不一致，其主要原因在於伍利娜等（2005）的研究主要基於小樣本的實驗研究，且設置的情境主要針對比較特殊的企業，而本書則基於大樣本進行研究，且與楊華軍和胡奕明（2007）的研究結論一致。Bigshare、Exeshare、Indirector 和 SIZE 的迴歸系數均不顯著。

表 3.5 還報告了投資不足的迴歸結果。Bank 的迴歸系數為 0.040，在 1%水準上顯著，表明銀行股東顯著地抑制了公司的投資不足程度，這與研究假說 2 一致。Bshare 的迴歸系數為 0.550，在 5%水準上顯著，Bsharesq 的迴歸系數為 -0.949，在 5%水準上顯著，表明銀行股東持股比例與公司的投資不足程度呈現正 U 形關係，具體而言，即當銀行股東持股比例不超過 28.98%時，銀行股東對公司的投資不足行為具有顯著的抑製作用，而當銀行股東持股比例超過 28.98%，銀行股東卻顯著地提高了公司的投資不足程度，這

與研究假說2一致。由於28.98%位於銀行股東持股比例的最上端分位數,表明整體上銀行股東的持股比例對公司的投資不足程度具有線性關係,即隨著銀行股東持股比例的上升,公司投資不足的程度逐漸降低。此外,FCF的迴歸系數顯著為正,表明自由現金流越多的公司進行投資不足的程度越輕,這與Stulz(1990)、Richardson(2006)的研究結論一致。POE的迴歸系數顯著為負,表明非國有公司進行投資不足的程度反而較國有公司高,與理論預測相反,其潛在的解釋原因可能在於:非國有公司受到行業管制等限制約束了正常的投資行為,而且獲得政府和銀行的信貸、土地支持較為困難。Bigshare的迴歸系數顯著為負,表明大股東持股比例越高,投資不足的程度反而越高,這與Hadlock(1998)的研究結論一致。SIZE的迴歸系數顯著為正,表明大公司投資不足的程度較低,這與Richardson(2006)的研究結論一致。Dual、Exeshare、Indirector、Tobin-Q和LEV的迴歸系數均不顯著。

3.5.2 子樣本迴歸分析:基於銀行進入樣本

表3.6報告了銀行股東進入子樣本的投資效率的迴歸結果。在過度投資樣本組中,Bank的迴歸系數為-0.025,在1%水準上顯著,表明銀行股東進入公司後顯著地抑制了公司的過度投資行為,這與研究假說1一致。Bshare的迴歸系數為0.132,不顯著,Bsharesq的迴歸系數為-0.695,在5%水準上顯著,表明銀行股東持股比例與公司的過度投資程度呈

表 3.6　銀行股東進入樣本投資效率的迴歸結果

	過度投資				投資不足			
	迴歸系數	T 值	迴歸系數	T 值	迴歸系數	T 值	迴歸系數	T 值
Intercept	-0. 083	-0. 68	-0. 079	-0. 64	-0. 119	-3. 17***	-0. 124	-3. 22***
Bank	-0. 025	-2. 78***			0. 037	2. 17**		
BShare			0. 132	0. 67			0. 025	1. 79*
BSharesq			-0. 695	-1. 99**			-0. 042	-1. 68*
FCF	0. 047	3. 08***	0. 049	3. 18***	0. 060	6. 05***	0. 060	6. 04***
POE	0. 015	1. 70*	0. 015	1. 57	-0. 004	-1. 13	-0. 003	-0. 85
Bigshare	0. 000	0. 21	0. 000	0. 02	0. 000	-0. 22	0. 000	-0. 03
Dual	-0. 022	-2. 32**	-0. 023	-2. 40**	0. 002	0. 42	0. 002	0. 49
Exeshare	10. 214	1. 62	10. 112	1. 61	-5. 840	-1. 10	-5. 411	-1. 01
Indirector	-0. 044	-0. 70	-0. 041	-0. 65	-0. 006	-0. 30	-0. 004	-0. 23
Tobin-Q	0. 019	2. 91***	0. 019	2. 90***	-0. 006	-2. 59**	-0. 006	-2. 65***
SIZE	0. 007	1. 40	0. 007	1. 37	0. 004	2. 50**	0. 004	2. 52**
LEV	-0. 023	-2. 73***	-0. 023	-2. 69***	0. 016	3. 79***	0. 016	3. 77***
Adj-R2	0. 108, 6		0. 107, 9		0. 103, 4		0. 102, 9	
F	2. 37		2. 32		3. 46		3. 27	
N	328		328		620		620	

註：***、**、* 分別表示在 1%、5%、10%的水準下顯著。

現倒 U 形關係，具體而言，即當銀行股東持股比例不超過 9.50% 時，銀行股東對公司的過度投資行為沒有顯著影響，而當銀行股東持股比例超過 9.50%，銀行股東可以顯著地降低公司的過度投資程度。此外，FCF 的迴歸系數顯著為正，與 Stulz（1990）、Richardson（2006）、楊華軍和胡奕明（2007）的研究結論一致。POE 的迴歸系數顯著為正，與全樣本迴歸結果一致。Dual 的迴歸系數顯著為負，與全樣本迴歸結果一致。Tobin-Q 的迴歸系數顯著為正，與 Vogt（2004）的研究結論一致。LEV 的迴歸系數顯著為負，與楊華軍、胡奕明（2007）的研究結論一致。Bigshare、Exeshare、Indirector 和 SIZE 的迴歸系數均不顯著，與全樣本迴歸結果一致。

表 3.6 還報告了銀行股東進入子樣本投資不足的迴歸結果。從中可以看到，Bank 的迴歸系數為 0.037，在 5% 水準上顯著，表明銀行股東進入公司後顯著地抑制了公司的投資不足行為，這與研究假說 2 一致。Bshare 的迴歸系數 0.025，在 10% 水準上顯著，Bsharesq 的迴歸系數為 -0.042，在 10% 水準上顯著，表明銀行股東持股比例與公司的投資不足程度呈現正 U 形關係，具體而言，即當銀行股東持股比例不超過 29.76% 時，銀行股東對公司的投資不足行為具有顯著的抑製作用，而當銀行股東持股比例超過 29.76% 時，銀行股東卻顯著地增強了公司的投資不足程度，這與研究假說 2 一致。由於 29.76% 位於銀行股東持股比例的最上端分位數，表明整體上銀行股東的持股比例與公司的投資不足程度具有線性

關係，即隨著銀行股東持股比例的上升，公司投資不足的程度逐漸降低。此外，FCF 的迴歸系數顯著為正，與 Stulz（1990）、Richardson（2006）的研究結論一致。Tobin-Q 的迴歸系數顯著為負，表明投資機會越多的公司投資不足的程度反而越高，其可能的潛在解釋是，Tobin-Q 是一個市場指標，當外部投資者認為公司存在較多的投資機會時，公司可能由於代理成本或信息不對稱等原因並沒有進行相應的投資。SIZE 的迴歸系數顯著為正，表明大公司投資不足的程度較低，這與 Richardson（2006）的研究結論一致。LEV 的迴歸系數顯著為正，表明財務槓桿越高的公司投資不足的程度也越低，這與伍利娜等（2007）的研究結論一致。POE、Bigshare、Dual、Exeshare 和 Indirector 的迴歸系數均不顯著。綜合表 3.6 過度投資和投資不足的迴歸結果，可以看到，銀行股東進入子樣本的迴歸結果與全樣本的迴歸結果並沒有顯著的差異，從而表明本書研究結論具有較好的穩健性。

3.5.3　子樣本迴歸分析：基於銀行退出樣本

表 3.7 報告了銀行股東退出子樣本的投資效率的迴歸結果。在過度投資樣本組中，Bank 的迴歸系數為 -0.004，不顯著，表明銀行股東退出公司後對公司的過度投資行為沒有顯著影響，這主要是因為，銀行股東在持有公司股份期間，對公司的投資決策發揮了重要的影響作用，可能使公司的投資決策在一定程度上形成了規範，即使銀行股東退出後也在一定

表 3.7 銀行股東退出樣本投資效率的迴歸結果

	過度投資				投資不足	
	迴歸系數	T值	迴歸系數	T值	迴歸系數	T值
Intercept	0.150	1.56	0.135	1.38	−0.113	−3.18***	−0.112	−3.13***
Bank	−0.004	−0.41			0.002	0.74		
BShare			−0.110	−0.96			−0.034	−0.47
BSharesq			0.246	0.94			0.133	0.42
FCF	0.028	1.99**	0.028	1.90**	0.001	0.84	0.001	0.81
POE	0.003	0.34	0.003	0.30	0.002	0.81	0.002	0.77
Bigshare	0.000	0.63	0.000	0.83	0.000	−1.00	0.000	−1.19
Dual	−0.004	−0.34	−0.004	−0.40	0.000	0.08	0.000	0.09
Exeshare	−0.518	−0.17	−0.421	−0.14	0.029	0.30	0.032	0.33
Indirector	0.045	0.71	0.033	0.52	−0.007	−0.38	−0.008	−0.41
Tobin-Q	−0.002	−0.53	−0.001	−0.29	−0.002	−0.86	−0.002	−0.91
SIZE	−0.004	−1.04	−0.004	−0.85	0.003	2.18**	0.003	2.18**
LEV	−0.024	−2.03**	−0.028	−2.30**	0.016	3.73***	0.016	3.82***
Adj-R2	0.033,3		0.027,8		0.057,5		0.055,8	
F	2.58		2.49		2.61		2.5	
N	486		486		761		761	

註：***，**，* 分別表示在 1%、5%、10% 的水準下顯著。

程度上保持了連續性。Bshare 的迴歸系數為 -0.110，不顯著，Bsharesq 的迴歸系數為 0.246，也不顯著。此外，FCF 的迴歸系數顯著為正，與 Hubbard（1988）、Stulz（1990）、Richardson（2006）、楊華軍和胡奕明（2007）的研究結論一致。LEV 的迴歸系數顯著為負，與楊華軍、胡奕明（2007）的研究結論一致。POE、Bigshare、Dual、Exeshare、Indirector、Tobin-Q 和 SIZE 的迴歸系數均不顯著，與全樣本迴歸結果一致。

表 3.7 還報告了銀行股東退出子樣本的投資不足的迴歸結果。從中可以看到，Bank 的迴歸系數為 0.002，不顯著，表明銀行股東退出公司後對公司的投資不足行為沒有顯著影響，這主要是因為，銀行股東在持有公司股份期間，對公司的投資決策發揮了重要的影響作用，可能使公司的投資決策在一定程度上形成了規範，即使銀行股東退出後也在一定程度上保持了連續性。Bshare 的迴歸系數為 -0.034，不顯著，Bsharesq 的迴歸系數為 0.133，也不顯著。此外，SIZE 的迴歸系數顯著為正，表明大公司投資不足的程度較小，這與 Richardson（2006）的研究結論一致。LEV 的迴歸系數顯著為正，表明財務槓桿越高的公司投資不足的程度也越低，與伍利娜等（2005）的研究結論一致。FCF、POE、Bigshare、Dual、Exeshare、Indirector 和 Tobin-Q 的迴歸系數均不顯著。

3.5.4 穩健性檢驗

為了進一步檢驗研究結論的穩健性，本書做了如下穩健性檢驗：①考慮到銀行持股比例過低或不向持股公司派出董事，則銀行不足以充分對公司發揮影響作用，也難以獲取更多的信息，故本書將重新定義銀行持股為除直接持有公司股份外，銀行還直接派出其員工到持股公司擔任董事或監事職位。為此，本書首先以 CSMAR 數據庫公司治理模塊股東數據為基礎收集了銀行股東數據，然後通過查閱公司年度報告以確認公司高管是否有來自銀行的股東。這樣，本書總共獲得了 650 個公司/年度觀察值。在此基礎上，本書以行業、年度、總資產和營業收入為標準，選取了銀行持股的配對樣本。重複上述迴歸模型發現 Bank、Bshare 和 Bsharesq 的迴歸係數的符號和大小與上述全樣本迴歸結果沒有重大變化。②以市場指標為基礎重新計算了投資效率。具體而言，是指公司的投資機會用公司的市淨率替代了公司營業收入的增長率。重複迴歸後發現 Bank、Bshare 和 Bsharesq 的迴歸係數的符號和大小與上述全樣本迴歸結果均沒有顯著變化。

3.6　實證結論與政策啟示

本書基於股東—債權人利益衝突理論研究了債轉股公司中股東與債權人身分合一的狀態對公司投資行為的影響，具體而言，本書以1999—2008年中國A股上市公司為樣本，以債轉股公司中銀行持有公司股權作為股東—債權人合一的代理衡量變量，研究了銀行持股對公司投資行為，即過度投資或投資不足行為的影響。研究發現，債轉股企業過度投資和投資不足的程度均要低於非債轉股企業，即債轉股企業的投資效率要高於非債轉股企業。銀行股東進入樣本和銀行股東退出樣本的迴歸結果支持了上述結果。研究結果還表明，債轉股改善了公司的股東結構和信息在股東與債權人之間的分佈，有利於緩和股東與債權人之間的利益衝突，從而修正投資行為的扭曲程度。

本節的研究具有如下政策啟示意義：銀行持股可以為債權人對公司治理的相機治理作用提供更有效的保障。大股東控制、內部人控制等是中國公司治理的重要問題，若銀行持股，則既有助於改變債權人無權的狀況，又可以平衡公司治理結構較為單一的問題。

4 債轉股、投資效率與融資結構

4.1 理論分析與研究假說

4.1.1 債轉股與融資結構

Kornai（1979）在分析政府與國有企業的關係時提出了「預算軟約束」（budget soft constraint）的概念，並指出，國有企業的預算約束之所以軟，其原因是政府對企業實行了「父愛主義」（paternalism）。Dewatripont 和 Tirole（1994）則把預算軟約束分析框架應用到了銀行與企業之間的關係上。他們的模型假定企業有兩類不同的投資項目：一類是快項目，即當期能完成施工、投產並見效；另一類為慢項目，即需兩期完成的投資，如胡子工程、尾巴工程之類。問題在於，企

业經理儘管知道上報的投資項目是快項目還是慢項目，但為了爭取貸款，往往會把明明是慢的項目報成是快的項目；而提供資金的銀行往往在一開始並不能識別報上來的項目究竟是快項目還是慢項目。這種銀行與企業之間的信息不對稱就可能導致大量信貸資金會陷於鬍子工程與尾巴工程之中，從而導致壞帳和呆帳，造成信貸資源的浪費。該文從信息不對稱出發，充分利用了博弈論工具，指出了沉沒成本（sunk cost）在軟預算決策過程中的作用，提出了在以往的資產投入已沉沒於未完成的投資項目中的前提下，預算約束軟一些反而可能會產生一種「事後的有效」（ex-post efficiency）。不過，這種「事後的有效」內在地依賴於集中的金融體制，如果金融體制是分散的，則軟預算約束帶來的「事後的有效」便不復存在，而硬的預算約束導致的「事先的有效」（Ex-ante Efficiency）便會起主導作用。因此，銀行持有公司股權可能產生預算軟約束問題，即儘管公司陷入資金困境或投資項目未達預期，直接持有公司股份的銀行也不會採取嚴厲的懲罰措施，對公司進行破產重組或立即收回貸款以停止投資項目的資金支持，而是會繼續提供貸款以支持公司走出困境或完成投資項目，這是因為追加的貸款成本低於進行破產清算以收回貸款本金和利息的潛在收益（Dewartripont 和 Tirole，1994；Berglof 和 Roland，1998）[82-83]。據此，本章提出研究假說1及其兩個子假說：

H1：債轉股公司的債務融資多於非債轉股公司；

H1a：債轉股公司的短期銀行債務融資多於非債轉股公司；

H1b：債轉股公司的長期銀行債務融資多於非債轉股公司。

除銀行信貸資金之外，商業信用是企業債務融資的另一重要資金來源。商業信用是工商企業之間相互提供的，與商品交易直接相聯繫的信用形式，包括企業之間以賒銷分期付款等形式提供的信用以及在商品交易的基礎上以預付定金等形式提供的信用。商業信用產生的根本原因是由於在商品經濟條件下，在產業資本循環過程中，各個企業之間相互依賴，但它們在生產時間和流通時間上往往存在著不一致，從而使得商品運動和貨幣運動在時間上和空間上脫節。而通過企業之間相互提供商業信用，則可滿足企業對資本的需要，從而保證整個社會的再生產得以順利進行。因此，商業信用的產生是產業資本循環和週轉的需要，也是商業資本存在和發展的需要。儘管商業信用具有方便和及時等優點，但也具有較大的局限性，如規模受商業交易規模的限制，信用方向受商品流轉方向的限制，信用期限較短等，同時，商業信用的成本也較高，如現金折扣的折算年利率遠高於銀行利率，而且一旦商業信用沒有及時償還還將影響商業交易。

從理論上來看，商業信用之所以會大量而普遍存在的一個普遍被接受的觀點是，商業信用的存在是供給與需求共同作用下的一種均衡。從供給和需求的角度來看，主要有兩種

理論，即替代性融資理論與買方市場理論。其中，替代性融資理論認為，商業信用的大量存在，主要源自信貸配給（Petersen et al., 1997; Biaisz et al., 1997）[84-85]。信貸配給的存在使得有些借款者無論願意支付多高的貸款利息，都可能無法獲得充足的銀行貸款。在這種情況下，這些難以從銀行獲得貸款的企業，就會轉而求助於供應商（商業信用的主要債權人），需求的提升，或者說是需求導向促使商業信用成為銀行貸款的一種重要的替代性融資（Petersen et al., 1997）。而買方市場理論（Fabbria et al., 2010）則認為，商業信用之所以普遍地存在，主要是與買方（客戶）強勢、客戶信用良好有關，供應商為了促使其產品盡快地銷售出去，願意為這些客戶提供大量信用[86]。由於債轉股公司與非債轉股公司之間的產品結構和買方市場影響力並不存在重大差異①，故基於買方市場理論而言債轉股公司與非債轉股公司獲得的商業信用應該不會存在重大差異②；基於替代性融資理論則可以推測出債轉股企業將較少依賴於商業信用進行融資，這是因為非債轉股企業獲得的銀行信貸資源較少，將更多地依賴於商業信用進行替代性融資，尤其是在轉型經濟中，由於獲得銀行信貸的難度普遍較大，對債權人的保護相對較弱，因而

---

① 這是因為是不是債轉股企業並不取決於企業的產品結構和買方市場影響力。

② 嚴格來說，債轉股企業由於較差的財務狀況、盈利能力和資金流會使企業獲得較少的商業信用。

企業間的商業信用成為企業外部融資的重要手段，這使得商業信用在發展中國家的作用尤其明顯（Petersen et al., 1997）。當企業得不到銀行貸款或者出現信貸配給時，商業信用將會成為銀行貸款的重要替代方式。據此，本章提出研究假說2：

H2：債轉股公司的商業信用融資少於非債轉股公司。

債務融資是企業利用財務槓桿效應以支持企業日常營運、擴張投資的重要渠道，但如果債務融資過多，則企業的財務風險較大，債務償還壓力也很大，故平衡權益融資和債務融資顯得非常重要。權益融資是除債務融資外，從企業外部獲得資金的重要渠道。權益融資是向其他投資者出售公司的所有權，即用所有者的權益來交換資金。權益融資可以讓企業不必用現金回報其他投資者，而是與他們分享企業利潤並承擔管理責任，投資者以紅利形式分得企業利潤。由於銀行持股公司的銀行股東主要來自債權轉股權，這表明在債權轉股權之前企業的債務比率較高，對股權融資的需求較為迫切。同時對於銀行股東來說，由於其對企業的持股主要是為了保障債權的安全性和可收回性，故其持股的主要目的並不在於長期持有並獲得較高的股權增值和分紅回報，而是會在持有一段時間後選擇恰當的時機退出。這樣，進行權益融資更多，更有利於攤薄銀行股東的股份，並更好地退出。但另一方面，雖然企業有動機去追求較多的權益融資，但權益融資也需要市場投資者的認可。故在債務風險較高、經營情況沒有明顯

改善的情況下，進行權益融資時的市場估值並不會很高，從而會縮減權益融資的規模；況且此時進行融資相當於低估了企業的資產價值，即銀行債務的市場價值也會出現減值，這對於銀行來說是不願意看到的。不僅如此，在能以較低成本獲得債務融資以改善經營的情況下，進行成本較高的權益融資並非融資結構決策的優化選擇。據此，本章提出研究假說3：

H3：債轉股公司的權益融資與非債轉股公司沒有顯著差異。

前面所述債務融資和權益融資均是從企業外部進行融資，而內源融資則是從企業內部進行融資。內源融資是公司經營活動產生的資金，即公司內部融通的資金，它主要由留存收益和折舊構成，內源融資對企業的資本形成具有原始性、自主性、低成本和抗風險的特點，是企業生存與發展不可或缺的重要組成部分。事實上，在發達的市場經濟國家，內源融資是企業首選的融資方式，是企業資金的重要來源。債權轉股權的過程除了可以減少企業償付債務利息的資金壓力外，並不改變企業的內部經營現金流，只有通過對企業進行資產重組或加強管理、經營改善後才能真正改善企業的內源融資水準。債權人通過債權轉股權變成為企業的股東後，有動機通過加強監督企業高管的行為，提高企業經營決策的能力以改善經營績效，否則其股權同樣不能實現增值，也就不能實現債權轉股權的目的。因此，債權轉股權後，隨著企業經營

績效的改善，企業的內源融資率將提高，不過，其改善的程度並不足以超過競爭對手很多。這是因為：首先，債權人並不是企業經營的專家，其發揮的作用更多在於監督而非直接管理；其次，企業經營的改善需要一個過程，並不能隨著債權轉股權的完成一蹴而就；最後，企業的經營狀況一般圍繞行業均值而波動，並不能過分遠離企業平均水準。據此，本章提出研究假說4：

H4：債轉股公司的內源融資與非債轉股公司沒有顯著差異。

4.1.2 債轉股、投資效率與債務融資

已有研究文獻發現，銀行持股可能發生預算軟約束問題，即一旦公司陷入資金困境或投資項目未達到預期效果，直接持有公司股份的銀行也不會採取諸如對公司進行破產重組或立即收回貸款，或停止對投資項目的資金支持等嚴厲的懲罰措施，而會繼續提供貸款以支持公司走出困境或完成投資項目，這是因為追加的貸款成本低於迫使公司破產清算以收回貸款本息的潛在收益（Dewatripont et al., 1994; Berglof et al., 1998）。然而，在中國銀行貸款普遍存在預算軟約束的情況（林毅夫 等, 2004; 田利輝, 2004）[87-88]下，一方面銀行股權可以降低銀行與公司之間的信息不對稱性，銀行的股東身分（無論是否因此派出董事）更有利於其進一步瞭解公司申報貸款用於投資的項目及其規模、速度和預期等，另一

方面，也是更重要的，銀行持股有利於遏制公司特別是公司管理層的代理問題對公司投資的不利影響，以及投資行為扭曲對公司債務融資的不利影響。

Jensen 和 Meckling（1976）、Myers（1977）從債權人與股東利益衝突視角提出了公司的投資決策可能出現過度投資問題和投資不足問題，認為在財務槓桿較高的融資結構裡，股東/管理者具有強烈的動機去從事那些儘管成功機會較小但一旦成功就收益巨大的投資，發生過度投資問題。Myers（1977）認為，當管理者與股東利益一致時，管理者將拒絕那些能夠增加公司市場價值但預期的收益大部分屬於債權人的投資，引發投資不足問題。

然而，當銀行持股時，債權人與股東「二合一」身分將有利於約束公司過度投資和投資不足問題。債權投資的主要目標是到期收回本金並獲得約定的利息收入，強調貸款的安全性。股權投資的主要目的是獲取高額現金分紅或股價升值收益或兼而有之，市場上發生的控股權之爭，表面上看是為了「權」，實質上還是看重「利」，因此股權投資強調的是投資的收益性。而當銀行集債權人和股東身分於一體時，將通過影響投資對象（公司）的投資決策和融資決策，使公司的投資決策有利於貸款的安全性和風險的可控性。首先，在與公司簽訂借款契約時，可以設定一些條款約束公司的投資行為，如限定貸款資金專款專用、公司的現金分紅、新的債務融資等，通過這些條款，促使公司更有效率地使用貸款資金，

減少過度投資和投資不足問題；其次，又可以利用其股東身分更為便捷地、持續地監督和控制公司的投資決策和管理人員的經營行為，如可以通過股東大會，甚至直接派出董事參與公司的投資決策，減少股東與債權人之間的利益衝突，降低因為過度投資引發的貸款風險失控問題和因為投資不足引發的貸款受償不足問題。即使從銀行持股的股東角度來看，雖然銀行股東與其他股東一樣，也有動機在投資決策中實現債權人的財富向股東財富的轉移，獲取最大化的股東財富，但若此，由於債權價值的損害，銀行股東獲得的股權價值和債權價值之和未必符合銀行在公司的整體價值最大化目標，進而對如此「轉移財富」的動機與行為有抑製作用。此外，中國銀行持股大多來自債轉股，貸款的安全性和股權的增值性都較為突出，信貸決策與公司投資的敏感性較高，換而言之，銀行持股具有緩和公司債權人與股東之間的利益衝突的效用，依賴於這一效用對公司投資的影響，銀行持股提高了銀行的信貸配置效率。

　　再加上銀行間競爭的影響，公司債務融資與投資效率之間的敏感性會得到進一步提高。首先，非持股銀行會將持股銀行及其公司視為利益共同體，將持股銀行對公司的信貸行為作為信貸決策的信號。如果持股銀行為公司的投資項目提供了貸款支持，非持股銀行則會因此認為持股銀行看好公司的該投資前景，風險可控，非持股銀行會加入為公司提供貸款的隊伍，與持股銀行展開信貸供應競爭；反之則不會。其

次，基於預算軟約束的預期，非持股銀行將持股銀行作為其信貸風險的保障機制，即使公司的投資項目未達到預期，持股銀行也會進一步提供信貸資金以支持投資項目，從而達到一種「事後有效」。

在銀行可提供的信貸資源受到制約的情形下，銀行股東—債權人的二重身分對公司投資效率—債務融資的敏感度將下降。這是因為，如果信貸資源緊缺，則銀行將更關注信息和風險評價在信貸決策中的作用。由於銀行持有公司股權，對公司的投資行為、高管經營行為的不對稱程度相對較低，且銀行仍需要考慮股權的增值性，因此，在中央銀行貨幣政策緊縮期，銀行將為其持股公司提供更多的信貸資金，以支持公司的投資項目和公司市場價值的增值。

根據以上分析，本章提出研究假說 5 和研究假說 6：

H5：債轉股公司債務融資與投資效率的敏感度高於非債轉股公司。

H6：中央銀行的緊縮性貨幣政策對債轉股公司債務融資與投資效率的敏感性影響要小於非債轉股公司。

4.1.3 債轉股、債務融資與投資效率

基於股東—債權人利益衝突對公司投資行為的理論分析認為，債務融資有助於約束公司的非效率投資行為，即降低過度投資或投資不足的程度。對於債轉股公司來說，由於存在兼具股東和債權人身分的銀行股東，則銀行股東將充分利

用債權人和股東的雙重角色以提高公司的投資效率。這樣，公司的債務融資將充分受益於銀行股東的股東身分以更有效監督公司的投資行為，故本章提出研究假說7：

H7：債轉股公司的債務融資對公司投資效率的影響大於非債轉股公司。

4.2 檢驗模型和研究變量界定

4.2.1 檢驗模型的設計

為檢驗上述假說，本章分別採用以下模型進行檢驗，其中模型（1）檢驗H1，模型（2）檢驗H1a，模型（3）檢驗H1b，模型（4）檢驗H2，模型（5）檢驗H3，模型（6）檢驗H4，模型（7）檢驗H5，模型（8）檢驗H6，模型（9）檢驗H7，所用迴歸方法均為OLS[①]。

$$LEV = \beta_0 + \beta_1 Bank + \beta_2 BShare + \beta_3 BSharesq + \beta_4 IFG + \beta_5 IFG * D + \beta_7 SIZE + \beta_8 TANG + \beta_9 Growth + \beta_{10} ROA + \beta_{11} POE + \beta_{12} Risk \quad (1)$$

$$SDR = \beta_0 + \beta_1 Bank + \beta_2 BShare + \beta_3 BSharesq + \beta_4 IFG + \beta_5 IFG * D + \beta_7 SIZE + \beta_8 TANG + \beta_9 Growth + \beta_{10} ROA + \beta_{11} POE + \beta_{12} Risk \quad (2)$$

---

① 為了減輕因增加交互項而引起的多重共線性問題對迴歸結果的影響，參考Neter et al.（1985）、Tatikonda和Rosenthal（2000）的建議，本書對解釋變量採取了「中心變換」（centering transformation），先將組成交叉項的變量減去變量的平均值，然後用轉換後的變量計算交叉項[89-90]。

$$LDR = \beta_0 + \beta_1 Bank + \beta_2 BShare + \beta_3 BSharesq + \beta_4 IFG + \beta_5 IFG * D + \beta_7 SIZE + \beta_8 TANG + \beta_9 Growth + \beta_{10} ROA + \beta_{11} POE + \beta_{12} Risk \quad (3)$$

$$CDR = \beta_0 + \beta_1 Bank + \beta_2 BShare + \beta_3 BSharesq + \beta_4 IFG + \beta_5 IFG * D + \beta_7 SIZE + \beta_8 TANG + \beta_9 Growth + \beta_{10} ROA + \beta_{11} POE + \beta_{12} Risk \quad (4)$$

$$EQ = \beta_0 + \beta_1 Bank + \beta_2 BShare + \beta_3 BSharesq + \beta_4 IFG + \beta_5 IFG * D + \beta_7 SIZE + \beta_8 TANG + \beta_9 Growth + \beta_{10} ROA + \beta_{11} POE + \beta_{12} Risk \quad (5)$$

$$Intf = \beta_0 + \beta_1 Bank + \beta_2 BShare + \beta_3 BSharesq + \beta_4 IFG + \beta_5 IFG * D + \beta_7 SIZE + \beta_8 TANG + \beta_9 Growth + \beta_{10} ROA + \beta_{11} POE + \beta_{12} Risk \quad (6)$$

$$LEV = \beta_0 + \beta_1 Bank + \beta_2 Einvt + \beta_3 Bank * Einvt + \beta_4 IFG + \beta_5 IFG * D + \beta_7 SIZE + \beta_8 TANG + \beta_9 Growth + \beta_{10} ROA + \beta_{11} LEV + \beta_{12} POE + \beta_{13} Risk \quad (7)$$

$$LEV = \beta_0 + \beta_1 Bank + \beta_2 Einvt + \beta_3 MP + \beta_4 Bank * MP + \beta_5 Bank * Einvt + \beta_6 Bank * Einvt * MP + \beta_7 IFG + \beta_8 IFG * D + \beta_9 SIZE + \beta_{10} TANG + \beta_{11} Growth + \beta_{12} ROA + \beta_{13} LEV + \beta_{14} POE + \beta_{15} Risk \quad (8)$$

$$EInvt = \beta_0 + \beta_1 Bank + \beta_2 Bank * LEV + \beta_3 FCF + \beta_4 POE + \beta_5 Bigshare + \beta_6 Dual + \beta_7 Exeshare + \beta_8 Indirector + \beta_9 Tobin-Q + \beta_{10} SIZE + \beta_{11} LEV + Industry + Year + \varepsilon \quad (9)$$

其中，LEV 為公司的銀行債務率（短期銀行借款＋長期銀行借款），等於年末銀行借款餘額除以年度總營業收入①；

---

① 之所以除以營業收入而不是總資產，主要是考慮到短期和長期銀行借款餘額本身是公司總資產的組成部分，即當公司從銀行借款時既影響借款餘額又影響總資產餘額，可能造成該指標的內生性問題。相反借款餘額則並不直接影響公司的營業收入。本書也以期初總資產標準化做了穩健性檢驗，發現迴歸結果沒有顯著差異。

SDR 為公司的短期銀行債務融資率，等於年末短期銀行借款餘額除以年度總營業收入；LDR 為公司的長期銀行債務融資率，等於年末長期銀行借款餘額加一年內到期的長期銀行借款餘額之和除以年度總營業收入；CDR 為公司商業信用融資率，等於年末的商業信用除以年度總營業收入，商業信用的計算公式＝應付款＋預收款－應收款－預付款；EQ 為公司股權融資率，等於年末的股權融資餘額除以年度總營業收入，股權融資的計算公式＝所有者權益－留存收益；Intf 為公司的內源融資率，等於年度內源融資除以年度總營業收入，內源融資的計算公式＝留存收益＋累計折舊；MP 是中央銀行的貨幣政策的虛擬變量，如果貨幣政策為緊縮性，則 MP＝1，否則 MP＝0。本書判斷貨幣政策的方法是根據廣義貨幣供應量（M2）的增長率與名義國內生產總值（GDP）的增長率之差（或者是 M2 增長率－真實 GDP 增長率－GDP 平減指數）。這裡之所以不用居民消費價格指數（CPI）作為減項，是因為 GDP 平減指數的計算基礎比 CPI 更廣泛，涉及全部商品和服務，即除消費外，還包括生產資料和資本、進出口商品和勞務等，故這一指數能夠更加準確地反應一般物價水準走向和因物價變動而導致的貨幣增長需求。從 1998 年到 2008 年，MP 的值分別為 7.98、8.49、1.64、7.08、7.13、6.70、-2.85、3.53、0.02、-5.28、0.92。本書選擇 2000 年、2004 年、2006 年、2007 年和 2008 年作為貨幣緊縮年份，其他年份作為貨幣寬鬆年份。Bank、Bshare、BSharesq 和 Einvt 的定

義與第 3 章完全相同。上述模型中的估計系數 β_1 表示銀行持股公司與非銀行持股公司之間不同融資來源的差異，如果 β_1 顯著為正，則表明銀行持股公司的銀行借款（包括短期和長期）、商業信用融資、股權融資和內源融資要多於非銀行持股公司；模型（1）至模型（6）中估計系數 β_2 和 β_3 表示銀行持股比例對公司融資的非線性影響。模型（7）中的估計系數 β_2 表示公司上年的投資效率對本期銀行借款的影響，如果在過度投資迴歸中顯著為負或在投資不足迴歸中顯著為正，則表明投資效率越高獲得的銀行借款越多；估計系數 β_3 表示相對於非銀行持股公司來說，銀行持股公司的投資效率對銀行借款的影響，如果在過度投資迴歸中顯著為負或在投資不足迴歸中顯著為正，則表明投資效率越高的銀行持股公司獲得的銀行借款多於非銀行持股公司。模型（8）中的估計系數 β_6 表示貨幣政策對公司銀行借款與投資效率敏感度的影響。模型（9）中的估計系數 β_2 表示公司的債務融資對公司投資效率的影響，如果在過度投資迴歸中顯著為負或在投資不足迴歸中顯著為正，則表明銀行持股公司的債務融資對公司投資效率的影響要大於非銀行持股公司。

4.2.2　控制變量的界定

除銀行股東持股可能對公司的融資決策產生影響外，內部融資缺口、公司規模、成長性等也是重要因素。具體說明如下：

IFG 是內部融資缺口。依照 Shyam – Sunder 和 Myers (1999)[91]的計算方法，內部融資缺口的數值可以按照以下公式計算：現金股利支付+資本性支出+營運資本淨增額－稅後經營活動現金流。D 是內部缺口為正的虛擬變量，如果 IFG>0，則 D=1，否則 D=0。內部融資缺口較大的公司對外融資需求較為強烈。Frank 和 Goyal（2003）的研究結果表明內部融資缺口與外部股權融資和債務融資顯著正相關，但肖澤忠和鄒宏（2008）卻沒有發現中國公司的內部融資缺口與股權融資的顯著關係[92-93]。

SIZE 是公司規模，等於公司上期末總資產的自然對數。和小公司相比，規模較大的公司有較強的債務融資能力，更容易獲得銀行貸款；不過，規模較大的公司由於信息不對稱程度也相對較低，融資成本較低，擁有較多的融資渠道，如股權融資、債券市場、商業信用等，故獲得的銀行貸款也並不一定比小公司高（Harris et al., 1991; Rajan et al., 1995)[94-95]。肖澤忠和鄒宏（2008）發現公司規模與債務融資顯著正相關[93]。此外，公司規模還是風險、盈餘持久性、成長性和公司信息環境等因素的綜合替代變量。

TANG 是有形資產比率，等於有形固定資產和存貨之和除以總資產。有形資產越多的公司越有能力為債務融資提供實物擔保或抵押，從而獲得更多的銀行借款。但另一方面，由於有形資產較多，公司與外部投資者之間的信息不對稱程度也可能較低，此時進行股權融資的成本也可能較低，出於

改善財務槓桿的考慮，公司有進行股權融資的傾向（Harris et al., 1991; Rajan et al., 1995）[94-95]。在中國，由於銀行仍然是公司融資的主要資金提供者，且大多數銀行借款需要資產抵押，故有形資產比率與財務槓桿顯著正相關（肖澤忠等，2008）。

Growth 是公司成長性，等於上一年營業收入的增長率。成長性越好的公司具有越高的風險，因為更可能陷入資金鏈緊張狀況，故其存在較高的財務困境成本；而且，投資機會越多的公司傾向於進行權益融資，以緩解與風險性債務融資有關的投資不足問題（Smith et al., 1992）[96]。

ROA 是資產收益率，等於營業利潤除以總資產。營利能力較強的公司需要繳納更多的稅負，故其有較強的動機利用債務的稅盾效應；而且營利能力強的公司具有較低的破產風險，債務融資成本較低。此外，從股東的角度來看，營利能力強的公司產生的自由現金流也較多，管理者與股東之間的代理問題可能較為嚴重，故可通過債務融資對自由現金流的過度投資或在職消費問題進行約束（Jensen, 1986）[10]。

POE 是非國有公司的虛擬變量，如果上市公司屬於非國有公司，則 POE = 1，否則 POE = 0。樊綱（1999）等認為在國家財政不能直接對國有企業進行補貼的情況下，國有企業的生產產出與國有銀行的信貸支持之間形成了依賴關係；而且對於銀行來說，非國有公司基本上是新客戶，在專業風險評估機制不完善的情況下，信貸風險較大；進一步，國有銀

行不願意也沒有必要因為給民營企業發放貸款而承擔額外的風險，這是因為把錢貸給國有企業，即便還不了，責任在國有企業，若把錢貸給民營企業，如發生壞帳，則要懷疑銀行管理者是否接受了賄賂等。因此，國有公司獲得的銀行借款要多於非國有公司[97]。

　　Risk 是公司的盈餘波動率。按照 Bradley et al.（1984）和 Booth et al.（2001）的研究，用公司總資產帳面價值調整後的年度營業利潤變化的方差表示。方差越大，表明公司的盈餘波動越大，相應的經營風險也較大。盈餘不穩定的公司會較少地使用債務融資以避免陷入財務困境，從而有高管被替換或公司控制權轉移的可能，相反，進行權益融資則更迎合了部分投資者高風險高收益的投資傾向，故經營風險大的公司會較少進行債務融資，而發行更多的股份（Bradley et al., 1984; Fama et al., 2002）[98-100]。

　　上述模型（1）至模型（6）中，為了控制內生性問題，除 Bank 和 POE 變量外，其餘變量均滯後一期。上述迴歸均控制了年度和行業效應。

4.3　描述性統計

4.3.1　基本描述統計與比較分析

表 4.1 的 Panel A 部分報告了研究變量的主要描述性統計。

表 4.1　描述性統計

Panel A：基本描述統計

Variable	N	Mean	Median	Min	Max	STD
LEV	12,718	0.516,0	0.486,7	0.069,6	3.805,4	0.327,5
SDR	11,916	0.210,2	0.157,4	0.000,0	1.774,3	0.163,8
LDR	11,916	0.038,7	0.020,1	0.000,0	0.608,0	0.105,5
CDR	11,916	−0.047,7	−0.044,0	−0.724,3	0.615,3	0.173,1
EQ	11,916	0.528,7	0.478,3	0.115,9	4.219,9	0.315,2
Intf	11,916	0.052,3	0.126,3	−4.874,6	0.700,6	0.425,9
MP	12,718	0.418,7	0	0	1	0.493,4
IFG	11,916	0.148,7	0.147,8	−1.608,1	1.609,8	0.329,4
D	11,916	0.678,6	1.000,0	0.000,0	1.000,0	0.467,0
TANG	12,712	0.452,5	0.447,2	0.000	0.960,0	0.175,4
Growth	11,897	0.233,1	0.139,8	−0.906,6	7.670,7	0.688,5
ROA	12,718	0.042,2	0.052,1	−0.770,4	0.545,4	0.101,3
Risk	12,663	0.039,7	0.002,3	0.000,0	4.366,1	0.253,4

Panel B：主要變量的差異比較

	Bank = 0		Bank = 1		(Bank = 0) − (Bank = 1)			
	Mean	Median	Mean	Median	Mean	T	Median	Z
LEV	0.502,7	0.478,8	0.616,2	0.549,0	−0.113,6	−10.2***	−0.070,2	−6.23***
SDR	0.197,7	0.175,6	0.230,1	0.202,9	−0.032,4	−6.48***	−0.027,3	−5.92***
LDR	0.055,8	0.017,6	0.066,6	0.025,0	−0.010,8	−3.27***	−0.007,6	−2.42**
CDR	−0.043,6	−0.041,4	−0.077,1	−0.061,7	0.033,5	6.07***	0.020,2	3.93***
EQ	0.526,2	0.479,1	0.546,4	0.472,3	−0.020,2	−1.91*	0.006,9	−1.61
Intf	0.071,5	0.131,5	−0.084,2	0.076,3	0.155,7	10.81***	0.055,2	8.32***
IFG	0.163,7	0.160,8	0.041,7	0.065,5	0.122,0	12.9***	0.095,3	11.71***
D	0.686,4	1.000,0	0.619,3	1.000,0	0.067,1	3.76***	0	3.76***
TANG	0.453,6	0.449,2	0.458,7	0.451,3	0.002,3	1.39	−0.002,1	−1.56
Growth	0.242,9	0.147,5	0.163,7	0.084,5	0.079,2	4.57***	0.063,0	5.31***
ROA	0.046,1	0.053,8	0.012,9	0.038,0	0.033,2	10.83***	0.015,7	6.82***
Risk	0.035,5	0.002,1	0.071,2	0.005,9	−0.035,7	−3.88***	−0.003,8	−2.93***

註：***、**、*分別表示在1%、5%、10%的水準下顯著。

資產負債率（LEV）的平均值和中位數分別是 0.516,0 和 0.486,7，說明中國上市公司的財務槓桿整體上較高，負債是公司資產擴張的重要途徑；其最小值是 0.069,6，最大值是 3.805,4，表明有些公司基本上沒有什麼負債，有些公司則資不抵債，公司間存在巨大差異。短期銀行借款（SDR）的平均值和中位數分別是 0.210,2 和 0.157,4，說明整體上短期銀行借款是公司資產的重要組成部分，最小值是 0，最大值是 1.774,3，說明有些公司基本上沒有短期銀行借款，有些公司則借款過多，超過了總資產，不同公司間存在巨大差異。長期銀行借款（LDR）的平均值和中位數分別是 0.038,7 和 0.020,1，說明中國上市公司的長期銀行借款遠少於短期銀行借款，這與中國銀行體系的信貸投放有關，也是中國公司經常形成「短融長投」現象的重要來源。商業信用（CDR）的平均值和中位數分別是 -0.047,7 和 -0.044,0，說明中國上市公司整體上的商業信用呈現「負」狀態，即利用商業信用進行銷售擴張的程度超過了利用商業信用進行材料採購等經濟活動；其最小值是 -0.724,3，最大值是 0.615,3，說明有些公司獲得的商業信用非常少，即商業信用很差，有些公司則獲得了大量商業信用，即在客戶或供應商眼裡信用度很高，不同公司間存在巨大差異。權益融資（EQ）的平均值和中位數分別是 0.528,7 和 0.478,3，說明權益融資也是公司資產擴張的重要組成部分；其最小值是 0.115,9，最大值是 4.219,9，說明有些公司對外權益融資較少，有些公司則對外

進行了大量股權融資，如進行 IPO 和再融資等，不同公司間存在較大差異。內源融資（Intf）的平均值和中位數分別是 0.052,3 和 0.126,3，說明公司的內部融資在公司總的融資結構中占據的比重並不大；其最小值和最大值分別是-4.874,6 和 0.700,6，說明有些公司出現了巨額虧損，內生融資能力嚴重不足，有些公司則實現大幅盈利，內生融資能力較強，不同公司間存在巨大差異。融資缺口（IFG）的平均值和中位數分別是 0.148,7 和 0.147,8，說明中國上市公司整體上呈現融資缺口狀態，即內生融資難以滿足支出需求，需要對外進行債務融資或股權融資等；其最小值和最大值分別是-1.608,1 和 1.609,8，說明有些公司的融資缺口很大，需要大量的外部資金供給，有些公司則不存在融資缺口，內部經營現金流就可以滿足公司的資金需求，不同公司間存在較大差異。D 的平均值是 0.678,6，說明中國近 70% 的上市公司呈現融資缺口問題，這一方面說明中國上市公司的內生現金流能力較弱，另一方面也可能說明中國上市公司的投資機會較多，需要大量的資金以支持對外投資。有形資產率（TANG）的平均值和中位數分別是 0.452,5 和 0.447,2，說明公司的有形資產占據了總資產的近一半，是公司資產非常重要的組成部分；其最小值是 0，最大值是 0.96，說明有些公司基本上沒有有形資產，有些公司則幾乎全部為有形資產，不同公司間存在較大差異，這也與中國上市公司的生產模式呈現較大差異相一致。成長性（Growth）的平均值和中位數分別是

0.233,1 和 0.139,8，說明中國上市公司的成長性較好，年均銷售收入增長率達到了 20%；其最小值和最大值分別是 -0.906,6 和 7.670,7，說明有些公司的經營規模劇烈萎縮，有些公司則大幅上升，不同公司的成長性存在較大差異。盈利能力（ROA）的平均值和中位數分別是 0.042,2 和 0.052,1，最小值和最大值分別是 -0.770,4 和 0.545,4，說明有些公司的盈利能力很強，有些公司的盈利能力則很弱，不同公司間存在較大差異。盈餘波動性（Risk）的平均值和中位數分別是 0.039,7 和 0.002,3，最小值和最大值分別是 0 和 4.366,1，說明有些公司的盈餘波動非常小，現金流也比較平穩，有些公司的盈餘則波動劇烈，各期之間的現金流相關度很低，經營風險很大，不同公司的經營風險存在巨大差異。

表 4.1 的 Panel B 部分報告了主要變量在銀行持股公司和非銀行持股公司間的差異比較。LEV 在非銀行持股公司中的平均值和中位數分別是 0.502,7 和 0.478,8，在銀行持股公司中的平均值和中位數分別是 0.616,2 和 0.549,0，均值檢驗和中位數檢驗均顯著為負，表明銀行持股公司的資產負債率高於非銀行持股公司；SDR 在非銀行持股公司中的平均值和中位數分別是 0.197,7 和 0.175,6，在銀行持股公司中的平均值和中位數分別是 0.230,1 和 0.202,9，均值檢驗和中位數檢驗均顯著為負，表明銀行持股公司的短期銀行借款多於非銀行持股公司；LDR 在非銀行持股公司中的平均值和中位數分別是 0.055,8 和 0.017,6，在銀行持股公司中的平

均值和中位數分別是 0.066,6 和 0.025,0，均值檢驗和中位數檢驗均顯著為負，表明銀行持股公司的長期銀行借款多於非銀行持股公司；CDR 在非銀行持股公司中的平均值和中位數分別是 -0.043,6 和 -0.041,4，在銀行持股公司中的平均值和中位數分別是 -0.077,1 和 -0.061,7，均值檢驗和中位數檢驗均顯著為正，表明銀行持股公司的商業信用少於非銀行持股公司；EQ 在非銀行持股公司中的平均值和中位數分別是 0.526,2 和 0.479,1，在銀行持股公司中的平均值和中位數分別是 0.546,4 和 0.472,3，均值檢驗顯著為負，表明銀行持股公司的股權融資多於非銀行持股公司；Intf 在非銀行持股公司中的平均值和中位數分別是 0.071,5 和 0.131,5，在銀行持股公司中的平均值和中位數分別是 -0.084,2 和 0.076,3，均值檢驗和中位數檢驗均顯著為正，表明銀行持股公司的內源融資少於非銀行持股公司；IFG 在非銀行持股公司中的平均值和中位數分別是 0.163,7 和 0.160,8，在銀行持股公司中的平均值和中位數分別是 0.041,7 和 0.065,5，均值檢驗和中位數檢驗均顯著為正，表明銀行持股公司的融資缺口小於非銀行持股公司；D 的檢驗結果與 IFG 類似。此外，由本書還可以看到，除有形資產率外，其他變量間也存在顯著差異，與非銀行持股公司相比，銀行持股公司的公司規模要小，成長性較差，盈利能力也較低，大股東持股比例較低，盈餘波動性較大。綜合上述指標的檢驗，從本書可以發現，由於內源融資能力較弱，銀行持股公司的對外債務融資、權益融

資均要多於非銀行持股公司，但商業信用較少。其他變量存在顯著差異表明在進一步檢驗中需要控制相關因素的影響。

4.3.2 相關矩陣分析

表 4.2 報告了變量之間的相關係數。Bank 與 LEV、SDR、LDR 顯著正相關，表明銀行持股公司的財務槓桿較高，短期銀行借款和長期銀行借款均較多；與 CDR 和 Intf 顯著負相關，表明銀行持股公司的商業信用較少，內源融資不足。BShare 與 LEV、SDR、LDR 和 EQ 顯著正相關，表明銀行持股比例越多，資產負債率越高，短期和長期銀行借款越多，股權融資也越多；與 CDR 和 Intf 顯著負相關，表明銀行持股比例越多，商業信用越少，內源融資也越少。Bank 與 IFG 和 D 顯著負相關，表明銀行持股公司的融資缺口較小；BShare 與 IFG 和 D 顯著負相關，表明銀行持股比例越多，融資缺口越小。Bank 與 Risk 顯著正相關，表明銀行持股公司的盈餘波動性較大，與 SIZE、Growth、ROA 和 POE 顯著負相關，表明銀行持股公司的規模較小、營業收入增長率較低、資產回報率較低。此外，其他變量間的關係也比較明顯和合理，如 SIZE 和 TANG 顯著正相關，表明公司規模越大，有形資產率也越高；TANG 與 Risk 顯著負相關，表明有形資產越多的公司，盈餘波動率越小；Growth 與 ROA 顯著正相關，表明成長性越好的公司，資產回報率也較高；Bigshare 與 ROA 顯著正相關，表明大股東持股較高的公司，資產回報率也較高。

表 4.2 相關係數表

Variable	Bank	Bshare	MP	LEV	SDR	LDR	CDR	EQ	Inf	Einvt	IFG	D	SIZE	TANG	Growth	ROA	POE	Risk
Bank		0.506**	-0.006	0.110**	0.062**	0.032*	-0.052**	0.017	-0.116**	-0.020**	-0.116**	-0.032*	-0.052**	0.012	-0.041**	-0.110**	-0.269**	0.033**
Bshare	0.997**		0.008	0.059**	0.041**	0.027*	-0.030**	0.040**	-0.084**	-0.027**	-0.073**	-0.036**	-0.052**	0.015	-0.021**	-0.066**	-0.168**	0.016
MP	-0.006	-0.006		0.072***	0.012	-0.016	0.016	0.017	-0.016	-0.001	-0.013	0.019**	0.158**	0.049**	0.017	0.047**	-0.134**	0.000
LEV	0.108**	0.109**	0.072*		0.519**	0.127**	0.166**	0.030**	-0.716**	0.001	-0.572**	-0.227**	-0.045**	-0.052**	-0.021**	-0.392**	-0.159**	0.136**
SDR	0.053**	0.053**	0.006	0.555**		0.003	-0.144**	-0.024*	-0.301**	0.077**	-0.334**	-0.158**	-0.059**	-0.019	0.086**	-0.175**	-0.137**	0.107**
LDR	0.031**	0.025*	-0.017	0.276**	0.075**		0.059**	-0.056**	0.052**	0.155**	0.060**	-0.023*	0.314**	0.039**	0.129**	0.056**	0.033**	-0.039**
CDR	-0.051**	-0.052**	0.111**	0.217**	-0.159**	0.046**		-0.098**	-0.046**	0.007	-0.276**	-0.112**	0.313**	0.026**	0.077**	0.023**	0.023**	-0.112**
EQ	0.000	0.003	-0.055**	-0.588**	-0.260**	-0.240**	-0.231**		-0.533**	0.060**	0.122**	-0.039**	-0.317**	0.027**	0.201**	0.047**	-0.006	0.071**
Inf	-0.146**	-0.149**	0.038**	-0.501**	-0.261**	0.053**	0.023*	0.003		0.027**	0.447**	0.206**	0.350**	0.333**	0.031**	0.312**	0.160**	-0.148**
Einvt	-0.022**	-0.023*	-0.005	0.042**	0.107**	0.156**	0.027*	0.011	0.115**		0.044**	0.026**	0.072**	-0.029**	0.051**	0.108**	-0.006	-0.009
IFG	-0.118**	-0.119**	-0.073**	-0.519**	-0.308**	-0.050**	-0.301**	0.343**	0.358**	0.003		0.356**	0.022*	0.030**	0.078**	0.243**	0.108**	-0.063**
D	-0.032**	-0.033**	-0.003	-0.202**	-0.137**	-0.017	-0.123**	-0.047**	0.162**	0.007	0.372**		-0.059**	0.097**	0.006	0.005	0.047**	-0.033**
SIZE	-0.046**	-0.051**	0.083**	0.189**	-0.007	0.349**	0.329**	-0.383**	0.281**	0.103**	-0.059**	0.074**		0.212**	0.066**	0.157**	0.192**	-0.110**
TANG	0.013	0.015	0.037**	0.213**	-0.018	0.221**	0.369**	-0.153**	0.048**	0.032**	-0.258**	0.096**	0.202**		0.017	0.001	0.078**	-0.035**
Growth	-0.078**	-0.078**	0.097**	-0.001	0.024*	0.120**	0.099**	0.036**	0.248**	0.104**	0.090**	0.023**	0.164**	0.082**		0.224**	0.033**	0.006
ROA	-0.121**	-0.123**	0.035**	-0.325**	-0.185**	0.014	0.014	0.080**	0.589**	0.150**	0.195**	-0.055**	0.068**	-0.014	0.350**		0.136**	-0.078**
POE	-0.271**	-0.175**	-0.013,2**	-0.150**	-0.135**	0.027**	0.022**	0.051**	0.144**	-0.014	0.108**	0.051**	0.169**	0.073**	0.065**	0.142**		-0.079**
Risk	0.157*∗8	-0.069**	0.159**	0.134**	-0.117**	-0.193**	0.071**	-0.293**	-0.069**	-0.175**	-0.055**	-0.216**	-0.115**	-0.190**	-0.183**	-0.138**	

註：***、**、* 分別表示在 1%、5%、10%的水準下顯著。

從中可以看到，主要解釋變量（Bank 和 Bshare）與其他控制變量之間的相關係數均不超過 0.2，而且以 VIF 進行的多重共線性檢驗也發現 VIF 值均不超過 3，表明多重共線性問題並不嚴重影響本書的研究結論。

4.4 迴歸結果

4.4.1 債轉股與融資結構的迴歸分析

表 4.3 報告了全樣本資產負債率的迴歸結果。從中可以看到，Bank 的迴歸係數為 0.174，在 1%水準上顯著，表明相對於非銀行持股公司而言，銀行持股公司的財務槓桿高出 17 個百分點，這與研究假說 1 一致。BShare 的迴歸係數為 2.141，在 5%水準上顯著；BSharesq 的迴歸係數為 -4.025，在 5%水準上顯著，表明銀行股東持股比例與公司的財務槓桿呈現倒 U 形關係，具體而言，即當銀行股東持股比例不超過 26.60%時，銀行持股公司的財務槓桿呈現上升趨勢；而超過 26.60%時，財務槓桿呈現下降趨勢。由於 26.60%位於銀行股東持股比例的最上端分位數，表明整體上銀行股東的持股比例與公司的財務槓桿具有線性關係，即隨著銀行股東持股比例的上升，公司的財務槓桿也會上升。這與研究假說 1 一致。此外，LagIFG 的迴歸係數不顯著；LagIFG * D 的迴歸

表 4.3 全樣本融資結構的迴歸結果

	資產負債率			短期負債率			長期負債率	
	迴歸係數	T值	迴歸係數	T值	迴歸係數	T值	迴歸係數	T值
Intercept	2.870	1.96**	2.847	1.94*	0.558	14.88***	0.566	15.09***	-0.268	-6.04***	-0.270	-6.05***
Bank	0.174	2.70***			0.180	1.99**			0.082	2.42**		
BShare			2.141	2.48**			0.263	2.57**			0.304	2.24**
BSharesq			-4.025	-2.40**			-0.448	-1.74*			-0.579	-1.89*
LagIFG	-0.025	-0.68	-0.206	-0.62	-0.111	-13.16***	-0.113	-13.4***	0.059	5.86***	0.059	5.91***
LagIFG * D	0.223	4.02***	2.012	3.85***	0.261	11.92***	0.265	12.36***	-0.305	-19.08***	-0.290	-18.3***
LagSIZE	-0.303	-3.14**	-0.301	-3.12**	0.008	3.14***	0.007	3.03***	-0.018	-6.13***	-0.018	-6.03***
lagTANG	0.203	2.77***	0.201	2.75***	0.024	8.15***	0.024	8.16***	0.033	9.47***	0.033	9.39***
LagGrowth	-0.009	-0.04	0.000	-0.04	0.000	-0.88	0.000	-0.88	0.000	0.08	0.000	0.10
LagROA	-0.037	-9.33***	-0.038	-9.33***	-0.077	-50.8***	-0.077	-51.5***	0.000	-0.74	0.000	-0.75
POE	-0.005	-0.92	-0.004	-0.83	-0.001	-4.02***	-0.001	-4.15***	0.000	3.15***	0.001	3.28***
Risk	-0.007	-10.39***	-0.000	-10.36***	0.000	0.86	0.000	0.85	0.000	-1.69*	0.000	-1.69*
Adj-R2	0.023,2		0.023,6		0.382,5		0.380,5		0.068,0		0.064,8	
F	10.28		9.55		19,273.60		18,101.30		29.00		25.96	
N	11,519		11,519		11,519		11,519		11,519		11,519	

註：***、**、*分別表示在1%、5%、10%的水準下顯著。

表4.3(續)

	商業信用融資率		股權融資率		內源融資率	
	迴歸系數	T值	迴歸系數	T值	迴歸系數	T值
Intercept	-1,047.8	-29.85***	557.2	13.78***	-7,076.5	-12.58***
	-1,050.2	-29.84***	7,686.0	13.77***	-7,086.8	-12.58***
Bank	-0.036,2	-6.12***	0.093,9	0.38	-0.039,3	-0.41
BShare						
	-0.320,0	-2.99***	0.449,3	0.26	-0.040,3	-0.02
BSharesq						
	0.517,2	2.14**	-1,204.5	-0.31	0.341,8	0.09
LagIFG	-0.054,0	-6.82***	0.125,6	0.36	0.173,3	1.37
	-0.052,5	-6.63***	0.046,9	0.37	0.174,4	1.38
LagIFG*D	0.138,1	10.91***	-0.200,8	-5.45***	0.690,2	8.34***
	0.147,7	11.80***	-0.202,2	-5.15***	0.621,9	8.09***
LagSIZE	0.015,7	6.83***	0.036,6	5.41***	-0.207,9	-5.63***
	0.015,5	6.82***	0.198,8	5.43***	-0.208,2	-5.64***
LagTANG	0.033,1	12.04***	-0.043,6	-12.83***	0.564,9	12.82***
	0.033,0	11.99***	-0.561,1	-12.85***	0.565,7	12.84***
LagGrowth	0.000,2	3.06***	-0.000,8	-0.14	0.000,1	0.08
	0.000,2	3.06***	-0.000,1	-0.14	0.000,1	0.08
LagROA	-0.000,2	-2.07**	0.150,1	62.07***	1.044,8	78.3***
	-0.000,2	-2.07**	0.155,1	61.9***	1.044,8	78.2***
POE	0.000,5	4.18***	0.001,9	2.10**	-0.001,3	-0.67
	0.000,6	4.57***	0.004,2	2.17**	-0.001,4	-0.71
Risk	0.000,0	-2.32**	0.000,0	-0.66	0.000,0	0.78
	0.000,0	-2.52**	0.000,0	-0.67	0.000,0	0.77
Adj-R2	0.204,3		0.550,1		0.576,1	
	0.195,6		0.550,1		0.576,1	
F	99.58		7,311.29		15,712.30	
	98.43		6,850.41		14,726.20	
N	11,519		11,519		11,519	
	11,519		11,519		11,519	

註:***、**、*分別表示在1%、5%、10%的水準下顯著。

系數顯著為正，表明當存在融資缺口時，顯著增加了債務融資；LagIFG 和 LagIFG * D 的線性約束檢驗顯著為正，表明隨著融資缺口的增大，銀行債務融資將增加；LagSIZE 的迴歸系數顯著為負，表明公司規模越大，公司的財務槓桿程度越低；LagTANG 的迴歸系數顯著為正，表明有形資產越多的公司，債務融資也越多；LagROA 的迴歸系數顯著為負，表明資產回報率越高的公司，越少利用財務槓桿；Risk 的迴歸系數顯著為正，表明經營波動性越大的公司，債務融資越少。POE 和 Growth 的迴歸系數均不顯著。

表 4.3 還報告了全樣本短期銀行借款的迴歸結果。從中可以看到，Bank 的迴歸系數為 0.180，在 5% 水準上顯著，表明相對於非銀行持股公司而言，銀行持股公司的短期銀行借款高出 18 個百分點，這與研究假說 1 一致。BShare 的迴歸系數為 0.263，在 5% 水準上顯著；BSharesq 的迴歸系數為 -0.448，在 10% 水準上顯著，表明銀行股東持股比例與公司的短期銀行借款呈現倒 U 形關係。具體而言，即當銀行股東持股比例不超過 29.35% 時，銀行持股公司的短期銀行借款呈現上升趨勢；而超過 29.35% 時，財務槓桿呈現下降趨勢。由於 29.35% 位於銀行股東持股比例的最上端分位數，表明整體上銀行股東的持股比例與公司的短期銀行持股比例具有線性關係，即隨著銀行股東持股比例的上升，公司的短期銀行借款將上升。這與研究假說 1 一致。此外，LagIFG 的迴歸系數顯著為負，表明融資缺口越大的公司，短期銀行借款較

少；LagIFG*D 的迴歸系數顯著為正，表明當存在融資缺口時，顯著增加了短期債務融資；LagIFG 和 LagIFG*D 的線性約束檢驗顯著為正，表明隨著融資缺口的增大，銀行短期債務融資將增加。LagSIZE 的迴歸系數顯著為正，表明公司規模越大，公司的短期銀行借款越多；LagTANG 的迴歸系數顯著為正，表明有形資產越多的公司，債務融資也越多；LagROA 的迴歸系數顯著為負，表明資產回報率越高的公司進行短期銀行借款的比重越低；POE 的迴歸系數顯著為負，表明非國有公司的銀行短期借款較低。Growth 和 Risk 的迴歸系數均不顯著。

表 4.3 還報告了全樣本長期銀行借款的迴歸結果。從中可以看到，Bank 的迴歸系數為 0.082，在 5% 水準上顯著，表明相對於非銀行持股公司而言，銀行持股公司的長期銀行借款高出 8 個百分點，這與研究假說 1 一致。BShare 的迴歸系數為 0.304，在 5% 水準上顯著；BSharesq 的迴歸系數為 -0.579，在 10% 水準上顯著，表明銀行股東持股比例與公司的長期銀行借款呈現倒 U 形關係。具體而言，即當銀行股東持股比例不超過 26.25% 時，銀行持股公司的長期銀行借款呈現上升趨勢，而超過 26.25% 時，財務槓桿呈現下降趨勢。由於 26.25% 位於銀行股東持股比例的最上端分位數，表明整體上銀行股東的持股比例與公司的長期銀行借款具有線性關係，即隨著銀行股東持股比例的上升，公司的長期銀行借款將上升，這與研究假說 1 一致。此外，LagIFG 的迴歸系數

顯著為正，表明融資缺口越大的公司，長期銀行借款越多；LagIFG * D 的迴歸係數顯著為負，表明當存在融資缺口時，長期債務融資較少；LagIFG 和 LagIFG * D 的線性約束檢驗顯著為負，表明隨著融資缺口的增大，銀行長期債務融資將減少。LagSIZE 的迴歸係數顯著為負，表明公司規模越大，公司的長期銀行借款越少；LagTANG 的迴歸係數顯著為正，表明有形資產越多的公司，債務融資也越多；POE 的迴歸係數顯著為正，表明非國有公司的銀行長期借款較多。Growth、ROA 和 Risk 的迴歸係數均不顯著。

表 4.3 還報告了全樣本商業信用融資的迴歸結果。從中可以看到，Bank 的迴歸係數為-0.036,2，在 1%水準上顯著，表明相對於非銀行持股公司而言，銀行持股公司的商業信用融資率低了近 4 個百分點，這與研究假說 2 一致。BShare 的迴歸係數為-0.320,0，在 1%水準上顯著；BSharesq 的迴歸係數為 0.517,2，在 5%水準上顯著，表明銀行股東持股比例與公司的商業信用融資呈現正 U 形關係。具體而言，即當銀行股東持股比例不超過 30.94%時，銀行持股公司的商業信用融資呈現下降趨勢，而超過 30.94%時，商業信用融資則呈現上升趨勢。由於 40.94%位於銀行股東持股比例的最上端分位數，表明整體上銀行股東的持股比例與公司的商業信用融資具有線性關係，即隨著銀行股東持股比例的上升，公司的商業信用融資將下降，這與研究假說 2 一致。此外，LagIFG 的迴歸係數顯著為負，表明融資缺口越大的公司，商業

信用融資越少；LagIFG∗D 的迴歸系數顯著為正，表明當存在融資缺口時，商業信用融資較多；LagIFG 和 LagIFG∗D 的線性約束檢驗顯著為正（F 值等於 3.82），表明融資缺口越大的公司商業信用融資也越多；LagSIZE 的迴歸系數顯著為正，表明公司規模越大，公司的商業信用融資越多，這與中國中小企業向大型企業輸出大量商業信用的格局相符合；LagTANG 的迴歸系數顯著為正，表明有形資產越多的公司，獲得的商業信用也越多；Growth 的迴歸系數顯著為正，表明成長性越好的公司，獲得的商業信用越多；ROA 的迴歸系數顯著為負，表明盈利能力越好的公司，獲得的商業信用融資越少，其中的原因可能在於，盈利能力較好的公司能夠產生較多的現金流，從而並不需要通過擠占上游供應商或下游客戶的資金以營運；POE 的迴歸系數顯著為正，表明非國有公司的商業信用融資較多。Risk 的迴歸系數顯著負相關，表明經營風險越大的公司獲得的商業信用融資越少。

表 4.3 還報告了全樣本股權融資的迴歸結果。從中可以看到，Bank 的迴歸系數為 0.093,9，不顯著，表明銀行持股公司與非銀行持股公司的股權融資率沒有顯著差異。BShare 和 BSharesq 的迴歸系數均不顯著，表明銀行股東持股比例與公司的股權融資沒有顯著關係。此外，LagIFG 的迴歸系數不顯著；LagIFG∗D 的迴歸系數顯著為負，表明當存在融資缺口時，股權融資反而較少，這也在一定程度上表明中國證券市場上資金配置的非效率；LagIFG 和 LagIFG∗D 的線性約束

檢驗顯著為負（F 值等於 2.57），表明融資缺口越大的公司股權融資越少；LagSIZE 的迴歸系數顯著為正，表明公司規模越大，公司的股權融資越多；LagTANG 的迴歸系數顯著為負，表明有形資產越多的公司，股權融資越少；ROA 的迴歸系數顯著為正，表明盈利能力越好的公司，獲得的股權融資越多；POE 的迴歸系數顯著為正，表明非國有公司的股權融資較多。Growth 和 Risk 的迴歸系數均不顯著。

表 4.3 還報告了全樣本內源融資的迴歸結果。從中可以看到，Bank 的迴歸系數為-0.039,3，不顯著，表明銀行持股公司與非銀行持股公司的內源融資率沒有顯著差異。BShare 和 BSharesq 的迴歸系數均不顯著，表明銀行股東持股比例與公司的內源融資沒有顯著關係。此外，LagIFG 的迴歸系數不顯著；LagIFG * D 的迴歸系數顯著為正，表明當存在融資缺口時，公司更多地利用了內源融資；LagIFG 和 LagIFG * D 的線性約束檢驗顯著為正（F 值等於 4.24），表明融資缺口越大的公司內源融資越多；LagSIZE 的迴歸系數顯著為負，表明公司規模越大，公司的內源融資反而越少；LagTANG 的迴歸系數顯著為正，表明有形資產越多的公司，內源融資越多；ROA 的迴歸系數顯著為正，表明盈利能力越好的公司，獲得的內源融資越多；Growth、POE 和 Risk 的迴歸系數均不顯著。

通過全樣本的迴歸結果可以發現，銀行持股公司獲得了更多的銀行債務融資，包括短期銀行債務和長期銀行債務，

但獲得的商業信用融資卻較少，股權融資和內源融資則沒有顯著差異。由於這一結論建立於水準層面的數據基礎之上，可能受到前期數據的影響，故研究結論的穩健性仍需進一步檢驗。銀行股東進入樣本和銀行股東退出樣本則是從變化層面來進一步提供更穩健的研究結論。

表4.4報告了銀行股東進入樣本銀行債務融資的迴歸結果[1]。從中可以看到，Bank的迴歸系數為-0.047，在5%水準上顯著，表明銀行股東進入公司後，公司的銀行債務融資率顯著下降。BShare的迴歸系數為-0.145，在5%水準上顯著；BSharesq的迴歸系數為0.234，不顯著，表明銀行股東持股比例與公司的銀行債務融資呈現負向線性關係，即隨著銀行股東持股比例的上升，公司的銀行債務融資將下降。此外，LagIFG的迴歸系數顯著為負；LagIFG＊D的迴歸系數顯

---

[1] 在債轉股權過程中，公司的原有部分銀行債權將轉化為股權，即銀行債務將自然地減少，股東權益將增加。這控制了債轉股權這一過程對公司債務融資率和股權融資率的測量的影響，需要將由於債轉股權所減少的銀行債務增加進來，也需要減去轉換所增加的股東權益，但由於公司並沒有披露債轉股權的具體細節，包括轉為股權的債權金額和轉換比率等，所以本書難以準確估算轉化的債權的具體金額。為此，本書採用了一個替代的方法以進行控制，即以轉換後銀行持有公司的股權比率所享有的公司淨資產金額作為銀行債權的估算額，具體而言，轉換後的公司銀行債務金額等於當期報表上的銀行債務餘額+銀行股東持股比例×公司期末的淨資產。在具體區分短期銀行債務和長期銀行債務檢驗中，本書以轉換當期（銀行股東進入當期）期末的短期銀行債務和長期銀行債務之比進行分配。這一調整僅限於銀行進入樣本中的銀行債務融資檢驗，其他樣本則不涉及這一問題或者這一問題並不嚴重影響迴歸結果，故沒有調整，而是直接採用了公司披露的報表金額。相對應地，股權融資率的計算也考慮了這一調整影響，即在所有者權益計算中減去了銀行股東持股比例所享有的淨資產額。

表 4.4 銀行進入樣本融資結構的迴歸結果

	資產負債率				短期負債率				長期負債率			
	迴歸系數	T值	迴歸系數	T值	迴歸系數	T值	迴歸系數	T值	迴歸系數	T值	迴歸系數	T值
Intercept	0.515	2.67***	0.504	2.61**	0.448	3.61***	0.487	3.92***	-0.219	-1.70*	-0.224	-1.74*
Bank	-0.047	-2.13**			-0.042	-2.96***			0.032	1.82*		
BShare			-0.145	-2.60**			-0.302	-1.94*			0.302	1.87*
BSharesq			0.234	0.48			0.476	1.73*			-0.693	-2.15**
LagIFG	-0.178	-4.78***	-0.166	-4.47***	-0.087	-3.64***	-0.086	-3.60***	0.039	1.58	0.041	1.67*
LagIFG*D	0.421	6.65***	0.520	9.12***	0.184	2.06**	0.154	4.21***	-0.109	-2.58**	-0.071	-1.87*
LagSIZE	0.023	1.98**	0.020	1.68*	0.038	4.98***	0.036	4.81***	-0.013	-1.70*	-0.014	-1.82*
LagTANG	-0.019	-1.37	-0.017	-1.20	-0.046	-5.00***	-0.047	-5.18***	0.029	3.06***	0.029	3.11***
LagGrowth	-0.001	-0.56	-0.001	-0.57	-0.001	-0.79	-0.001	-0.83	0.000	-0.11	0.000	-0.05
LagROA	-0.338	-10.98***	-0.321	-10.45***	-0.200	-10.1***	-0.193	-9.78***	-0.036	-1.75*	-0.036	-1.75*
POE	-0.001	-1.65*	-0.001	-1.10	-0.001	-3.03***	-0.001	-2.57**	0.000	1.02	0.001	1.79*
Risk	0.000	2.61**	0.000	2.51**	0.000	2.01**	0.000	1.74*	0.000	-0.21	0.000	-0.16
Adj-R2	0.586,6		0.587,0		0.346,4		0.349,4		0.031,7		0.036,1	
F	51.30		48.12		19.79		18.81		2.16		2.24	
N	1,029		1,029		1,029		1,029		1,029		1,029	

註：***、**、*分別表示在1%、5%、10%的水準下顯著。

表4.4(續)

	商業信用融資率		股權融資率		內源融資率	
	迴歸系數	T值	迴歸系數	T值	迴歸系數	T值
Intercept	-1.223	-6.61***	3.101	10.18***	-1.658	-5.00***
Bank	0.006	0.26	0.021	1.04		
BShare	-0.088	-0.38	-0.019	-0.05	0.026	1.67*
BSharesq	0.068	0.15	0.385	0.52		
LagIFG	-0.057	-1.59	0.052	0.88	0.016	1.67*
LagIFG*D	0.227	4.15***	-0.262	-2.62**	0.271	3.86***
LagSIZE	0.021	1.88*	-0.013	-0.71	0.012	0.57
lagTANG	0.036	2.63**	-0.112	-4.97***	0.072	2.96***
LagGrowth	0.000	-0.06	0.000	0.18	0.000	-0.19
LagROA	-0.094	-3.19***	-0.058	-1.20	0.886	16.78***
POE	0.000	0.42	0.001	0.58	0.003	2.46**
Risk	0.000	-1.28	0.000	-1.12	0.000	1.70*
Adj-R2	0.149,5		0.167,9		0.604,3	
F	6.83		8.15		55.15	
N	1,029		1,029		1,029	

	商業信用融資率		股權融資率		內源融資率	
	迴歸系數	T值	迴歸系數	T值	迴歸系數	T值
Intercept	-1.219	-6.58***	2.944	9.96***	-1.484	-4.90***
Bank					0.026	1.72*
BShare					-0.036	-1.26
BSharesq					0.013	1.42
LagIFG			0.060	1.06	0.255	3.56***
LagIFG*D			-0.075	-0.86	0.022	1.18
LagSIZE			-0.018	-1.01	0.055	2.49**
lagTANG			-0.099	-4.54***	0.000	-0.23
LagGrowth			0.000	0.21	0.857	17.78***
LagROA			-0.045	-0.95	0.001	1.44
POE			0.001	1.11	0.000	1.41
Risk			0.000	-0.75		
Adj-R2			0.217,1		0.670,3	
F			10.20		68.41	
N			1,029		1,029	

註:***、**、*分別表示在1%、5%、10%的水準下顯著。

著為負；LagIFG 的迴歸系數顯著為負；LagIFG * D 的線性約束檢驗顯著為正；LagIFG 和 LagIFG * D 的線性約束檢驗也顯著為正；LagSIZE 的迴歸系數顯著為正；LagROA 的迴歸系數顯著為負，表明盈利能力越好的公司，獲得的股權融資越多；POE 的迴歸系數顯著為負；Risk 的迴歸系數顯著為正。LagTANG 和 LagGrowth 的迴歸系數均不顯著。

表 4.4 還報告了銀行股東進入樣本短期銀行借款的迴歸結果。從中可以看到，Bank 的迴歸系數為 -0.042，在 1% 水準上顯著，表明銀行股東進入後，公司的短期銀行借款減少了。BShare 的迴歸系數為 -0.302，在 10% 水準上顯著；BSharesq 的迴歸系數為 0.476，在 10% 水準上顯著，表明銀行股東持股比例與公司的短期銀行借款呈現正 U 形關係。具體而言，即當銀行股東持股比例不超過 31.72% 時，銀行股東進入後，公司的短期銀行借款呈現減少趨勢，而超過 31.72% 時，銀行股東進入後，公司的短期銀行借款呈現上升趨勢。由於 31.72% 位於銀行股東持股比例的最上端分位數，表明整體上銀行股東進入後的持股比例與公司的短期銀行債務融資具有線性關係，即隨著銀行股東持股比例的上升，公司的短期銀行借款將減少。此外，LagIFG 的迴歸系數顯著為負；LagIFG * D 的迴歸系數顯著為正；LagIFG 和 LagIFG * D 的線性約束檢驗顯著為正；LagSIZE 的迴歸系數顯著為正；LagTANG 的迴歸系數顯著為負；LagROA 的迴歸系數顯著為負；POE 的迴歸系數顯著為負。Risk 的迴歸系數顯著為正。

Growth 的迴歸系數不顯著。

表4.4還報告了銀行股東進入樣本長期銀行借款的迴歸結果。從中可以看到，Bank 的迴歸系數為0.032，在10%水準上顯著，表明銀行股東進入後，公司的長期銀行借款高出3個百分點。BShare 的迴歸系數為0.302，在10%水準上顯著；BSharesq 的迴歸系數為-0.693，在5%水準上顯著，表明銀行股東進入後，持股比例與公司的長期銀行借款呈現倒U形關係。具體而言，即當銀行股東持股比例不超過21.79%時，銀行持股公司的長期銀行借款呈現上升趨勢；而超過21.79%時，長期銀行借款將減少。由於21.79%位於銀行股東持股比例的最上端分位數，表明整體上銀行股東的持股比例與公司的長期銀行借款具有線性關係，即隨著銀行股東持股比例的上升，公司的長期銀行借款將上升。此外，LagIFG 的迴歸系數顯著為正；LagIFG * D 的迴歸系數顯著為負；LagIFG 和 LagIFG * D 的線性約束檢驗顯著為負；LagSIZE 的迴歸系數顯著為負；LagTANG 的迴歸系數顯著為正；LagROA 的迴歸系數顯著為負。POE、Growth 和 Risk 的迴歸系數均不顯著。

此外，表4.4還報告了銀行股東進入樣本商業信用融資和股權融資的迴歸結果。從中可以看到，Bank、BShare 和 BSsharesq 的迴歸系數均不顯著，表明銀行股東進入後，公司的商業信用融資率和股權融資率均與之前沒有顯著差異。與全樣本所顯示的銀行持股公司顯著地進行了商業信用融資的

結果相比較，表明銀行持股公司較少利用商業信用融資，主要是由於公司本身的因素所致，而非銀行股東對公司的融資決策發揮了影響力。

表4.4還報告了銀行股東進入樣本內源融資的迴歸結果。從中可以看到，Bank的迴歸係數顯著為正，Bshare的迴歸係數也顯著為正，當銀行股東持股比例不超過36.11%時，銀行持股公司的內源融資率呈現上升趨勢；而超過36.11%時，內源融資將減少。由於36.11%位於銀行股東持股比例的最上端分位數，表明整體上銀行股東的持股比例與公司的內源融資具有線性關係，即隨著銀行股東持股比例的上升，公司的內源融資將上升。

通過表4.4銀行股東進入樣本的迴歸結果可以看到，銀行股東進入後，公司的銀行債務融資（短期銀行債務融資）出現了下降，但長期銀行債務融資和內源融資卻出現了上升。與表4.3所顯示的全樣本的迴歸結果相對照，本書可以發現，銀行並沒有由於其持有公司的股權而對公司進行大量銀行債務融資，尤其是短期銀行債務融資，但長期銀行債務融資卻出現了上升。本書認為，這種上升可能是由於銀行持有公司股權後增加了對公司的瞭解，獲得了特殊知識（local knowledge）所致。

表4.5報告了銀行股東退出樣本銀行債務融資的迴歸結果。從中可以看到，Bank的迴歸係數為0.051，在5%水準上顯著，表明相對於銀行股東退出後，銀行股東未退出前公

表 4.5 銀行退出樣本融資結構的迴歸結果

	資產負債率		短期負債率		長期負債率	
	迴歸系數	T值	迴歸系數	T值	迴歸系數	T值
Intercept	0.813	6.42***	0.567	5.57***	0.583	5.71***	-0.259	-4.61***	-0.268	-4.76***
Bank	0.051	2.17**	0.031	2.14**			0.018	2.58**		
BShare	0.389	1.96**			0.183	1.95*			0.028	2.18**
BSharesq	-0.540	-2.13**			-0.399	-1.73*			-0.033	-1.05
LagIFG	0.000	0.02	-0.015	-0.50	-0.019	-0.83	0.077	6.10***	0.077	6.07***
LagIFG*D	0.454	11.22***	0.302	9.27***	0.298	9.10***	0.058	3.22***	0.062	3.46***
LagSIZE	-0.042	-5.79***	-0.009	-1.48	-0.010	-1.66*	-0.011	-3.50***	-0.011	-3.31***
lagTANG	0.030	3.27***	-0.011	-1.42	-0.010	-1.30	0.027	6.54***	0.026	6.37***
LagGrowth	0.000	-0.31	0.002	2.39**	0.002	2.35**	0.000	0.40	0.000	0.34
LagROA	-0.394	-13.52***	0.064	2.74***	0.063	2.69***	0.016	1.26	0.017	1.31
POE	0.000	-0.56	0.000	0.37	0.000	0.10	0.000	1.01	0.000	1.28
Risk	0.000	5.25***	0.000	1.34	0.000	1.62	0.000	1.05	0.000	0.95
Adj-R2	0.531,6		0.303,7		0.302,6		0.161,2		0.159,8	
F	49.80		21.05		19.65		9.83		9.18	
N	1,334		1,334		1,334		1,334		1,334	

註：***、**、*分別表示在1%、5%、10%的水準下顯著。

表4.5(續)

	商業信用融資率		股權融資率		內源融資率	
	迴歸系數	T值	迴歸系數	T值	迴歸系數	T值
Intercept	-1,241.1	-13.87***	51,211.2	11.40***	-49,618.6	-10.98***
Bank	-0.037,7	-3.32***	-0.426,3	-0.75	0.468,5	0.82
BShare	-0.713,4	-2.88***			2,858.8	0.23
BSharesq	1.789,0	1.87*	-2,033.7	-0.16		
			5,566.7	0.12	-6,902.5	-0.14
LagIFG	-0.068,9	-3.40***	-0.809,1	-0.80	0.729,0	0.71
LagIFG*D	0.082,5	2.88***	1,002.8	0.70	0.061,0	0.04
LagSIZE	0.015,2	2.99***	0.987,3	3.86***	-0.981,7	-3.82***
lagTANG	0.043,6	6.67***	-3,551.1	-10.82***	3,488.3	10.57***
LagGrowth	-0.000,1	-0.18	-0.055,1	-1.52	0.061,2	1.68*
LagROA	0.017,6	0.86	6,320.0	6.12***	-5,361.3	-5.16***
POE	-0.000,4	-1.01	0.038,6	2.19**	-0.034,3	-1.93*
Risk	0.000,0	-2.53***	0.000,0	0.71	0.000,0	-0.73
Adj-R2	0.309,9		0.120,4		0.111,6	
F	20.31		7.29		6.78	
N	1,334		1,334		1,334	

註：***、**、* 分別表示在1%、5%、10%的水準下顯著。

司的銀行債務融資率較高。BShare 的迴歸系數為 0.389，在 5%水準上顯著；BSharesq 的迴歸系數為-0.540，在 5%水準上顯著，表明銀行股東持股比例與公司的銀行債務融資呈現倒 U 形關係。具體而言，即當銀行股東持股比例不超過 36.02%時，銀行股東持有期間公司的銀行借款呈現上升趨勢；而超過 36.02%時，銀行股東持有期間公司的銀行借款呈現下降趨勢。由於 36.02%位於銀行股東持股比例的最上端分位數，表明整體上銀行股東持有期間的持股比例與公司的銀行債務融資具有線性關係，即隨著銀行股東持股比例的上升，公司的銀行借款將增加。

表 4.5 還報告了銀行股東退出樣本短期銀行借款的迴歸結果。從中可以看到，Bank 的迴歸系數為 0.031，在 5%水準上顯著，表明銀行股東持有期間公司的短期銀行借款較多。BShare 的迴歸系數為 0.183，在 10%水準上顯著；BSharesq 的迴歸系數為-0.399，在 10%水準上顯著，表明銀行股東持股比例與公司的短期銀行借款呈現倒 U 形關係，具體而言，即當銀行股東持股比例不超過 22.93%時，銀行股東持股期間公司的短期銀行借款呈現增加趨勢，而超過 22.93%時，銀行股東持股期間公司的短期銀行借款呈現下降趨勢。由於 22.93%位於銀行股東持股比例的最上端分位數，表明整體上銀行股東持有期間的持股比例與公司的短期銀行持股比例具有線性關係，即隨著銀行股東持股比例的上升，公司的短期銀行借款將增加。

表4.5還報告了銀行股東退出樣本長期銀行借款的迴歸結果。從中可以看到，Bank 的迴歸系數為0.018，在5%水準上顯著，表明銀行股東持股期間公司的長期銀行借款較多。BShare 的迴歸系數為0.028，在5%水準上顯著；BSharesq 的迴歸系數為-0.033，不顯著，表明銀行股東持有期間的持股比例與公司的長期銀行借款呈現倒U形關係，具體而言，即當銀行股東持股比例不超過42.42%時，銀行持股公司的長期銀行借款呈現上升趨勢；而超過42.42%時，長期銀行借款將減少。由於42.42%位於銀行股東持股比例的最上端分位數，表明整體上銀行股東的持股比例與公司的長期銀行借款具有線性關係，即隨著銀行股東持股比例的上升，公司的長期銀行借款將上升。

此外，表4.5還報告了銀行股東退出樣本商業信用融資、股權融資和內源融資的迴歸結果。從中可以看到，Bank、BShare 和 BSsharesq 的迴歸系數在商業信用融資迴歸中顯著，表明銀行股東持有期間公司的商業信用融資率要低於銀行股東退出後；在股權融資和內源融資迴歸中均不顯著，表明銀行股東持股期間與退出後的股權融資率和內源融資率沒有顯著差異。

通過表4.5銀行股東退出樣本的迴歸結果可以看到，銀行股東退出後，公司的銀行債務融資（包括短期銀行債務融資和長期銀行債務融資）出現了下降。結合表4.3顯示的全樣本的迴歸結果和表4.4顯示的銀行股東進入樣本的迴歸結

果可以看到，銀行持股確實影響了公司的融資決策。具體而言，銀行持股增加公司的銀行債務融資，尤其是長期銀行債務融資，同時降低了公司的商業信用融資，但對公司的股權融資和內源融資沒有顯著影響。

4.4.2 債轉股、投資效率與債務融資的迴歸分析

表 4.6 報告了全樣本投資效率與短期銀行借款的迴歸結果。在過度投資組中，Bank 的迴歸系數為 0.282,1，在 1%水準上顯著，表明銀行持股公司獲得的短期銀行貸款比非銀行持股公司高出 28.21%；Einvt 的迴歸系數為 0.159,1，在 1%水準上顯著，表明過度投資程度越高的公司，獲得的銀行短期貸款越多；Bank * Einvt 的迴歸系數為 -0.121,7，在 10%水準上顯著，表明隨著過度投資程度的增加，銀行持股公司和非銀行持股公司獲得短期銀行借款的變化速度存在顯著差異，即隨著過度投資的增大，銀行持股公司獲得的短期銀行借款要少於非銀行持股公司，表明銀行持股公司過度投資行為與銀行借款之間的敏感性要高於非銀行持股公司，這與研究假說 2 一致。在第二個迴歸結果中，Bank、Einvt 和 Bank * Einvt 的迴歸系數和顯著性水準與第一個迴歸結果類似，表明迴歸結果的穩健性；MP 的迴歸結果為 -0.143,4，在 1%水準上顯著，表明公司在貨幣政策緊縮期獲得的短期銀行信貸要顯著少於貨幣政策寬鬆期；Bank * MP 的迴歸系數為正但不顯著，表明在貨幣緊縮期銀行持股公司與非銀行持股公司獲

表 4.6 全樣本短期銀行借款的迴歸結果

	迴歸係數	T值	Einvt>0 迴歸係數	T值	Einvt<0 迴歸係數	T值
Intercept	3.349,1	15.98***	3.939,4	20.0***	3.961,7	20.54	4.530,3	24.97
Bank	0.282,1	3.83***	0.213,5	3.34***	0.092,6	1.89*	0.105,3	1.91*
Einvt	0.159,1	4.09***	0.195,2	4.25***	0.219,9	3.07***	0.299,5	2.91***
MP	-0.121,7	-1.90*	-0.143,4	-5.83***			-0.117,5	-5.28***
Bank * Einvt			-0.099,8	-2.33**	0.123,3	2.24**	0.130,1	2.60***
Bank * MP			0.031,3	0.81			0.073,1	1.80*
Bank * Einvt * MP			0.064,8	1.81*			0.066,4	1.78*
IFG	-0.207,7	-4.08***	-0.182,3	-3.57***	-0.170,9	-3.14***	-0.143,1	-2.61***
IFG * D	0.095,1	2.32**	0.113,5	2.75***	-0.002,0	-0.03	0.034,4	0.42
SIZE	-0.144,7	-14.52***	-0.164,3	-16.92***	-0.187,2	-20.53***	-0.205,4	-23.2***
TANG	-0.540,7	-7.49***	-0.529,0	-7.30***	-0.390,8	-6.12***	-0.386,1	-6.02***
Growth	-0.130,6	-5.76***	-0.125,5	-5.51***	-0.180,4	-8.10***	-0.172,4	-7.71***
ROA	-1.177,0	-6.81***	-1.234,7	-7.22***	-1.240,9	-9.51***	-1.310,3	-10.11***
LEV	0.741,9	10.31***	0.658,9	9.16***	0.883,0	13.25***	0.847,0	12.65***
POE	0.082,0	3.04***	0.044,4	1.66*	0.117,7	4.78***	0.077,6	3.20***
Risk	1.507,4	7.86***	1.698,5	8.85***	2.395,2	15.99***	2.556,1	17.15***
Adj-R2	0.303,4		0.289,7		0.367,6		0.358,6	
F	53.51		59.62		109.05		124.92	
N	3,738		3,738		5,763		5,763	

註：***，**，* 分別表示在 1%，5%，10%的水準下顯著。

得的短期銀行信貸並沒有顯著差異；Bank * Einvt * MP 的迴歸系數為-0.064,8，在10%水準上顯著，表明相比於貨幣政策寬鬆期，銀行持股公司的過度投資行為在貨幣政策緊縮期獲得的銀行短期信貸要少，這與研究假說3一致。在投資不足迴歸組中，Bank 的迴歸系數仍然顯著為正；Einvt 的迴歸系數顯著為正，表明投資不足的程度越低，獲得的短期銀行借款越多；Bank * Einvt 的迴歸系數顯著為正，表明隨著投資不足程度的降低，銀行持股公司和非銀行持股公司獲得短期銀行借款的變化速度存在顯著差異，即隨著投資不足程度的降低，銀行持股公司獲得的短期銀行借款要多於非銀行持股公司，表明銀行持股公司投資效率與銀行借款之間的敏感性要高於非銀行持股公司，這與研究假說2一致。在第二個迴歸結果中，Bank、Einvt 和 Bank * Einvt 的迴歸系數和顯著性水準與第一個迴歸結果類似，表明迴歸結果的穩健性；MP 的迴歸結果顯著為負，表明公司在貨幣政策緊縮期獲得的短期銀行信貸要顯著少於貨幣政策寬鬆期；Bank * MP 的迴歸系數顯著為正，表明在貨幣緊縮期銀行持股公司與非銀行持股公司獲得的短期銀行信貸存在顯著差異，即銀行持股公司在貨幣緊縮期獲得的短期銀行借款多於非銀行持股公司；Bank * Einvt * MP 的迴歸系數顯著為正，表明相比於貨幣政策寬鬆期，銀行持股公司的投資不足程度減小時在貨幣政策緊縮期獲得的銀行短期信貸要多，這與研究假說3一致。

表4.7報告了全樣本投資效率與長期銀行借款的迴歸結

果。在過度投資組中，Bank 的迴歸系數為 0.146,0，在 5% 水準上顯著，表明銀行持股公司獲得的長期銀行貸款比非銀行持股公司多出 14.60%；Einvt 的迴歸系數為 0.311,4，在 1% 水準上顯著，表明過度投資程度越大的公司，獲得的銀行長期貸款越多；Bank * Einvt 的迴歸系數為 -0.095,8，在 5% 水準上顯著，表明隨著過度投資程度的增加，銀行持股公司和非銀行持股公司獲得長期銀行借款的變化速度存在顯著差異，即隨著過度投資的增大，銀行持股公司獲得的長期銀行借款要少於非銀行持股公司，表明銀行持股公司過度投資行為與銀行借款之間的敏感性要高於非銀行持股公司，這與研究假說 2 一致。在第二個迴歸結果中，Bank、Einvt 和 Bank * Einvt 的迴歸系數和顯著性水準與第一個迴歸結果類似，表明迴歸結果的穩健性；MP 的迴歸結果為 -0.024,9，在 5% 水準上顯著，表明公司在貨幣政策緊縮期獲得的長期銀行信貸要顯著少於貨幣政策寬鬆期；Bank * MP 的迴歸系數不顯著，表明在貨幣緊縮期銀行持股公司與非銀行持股公司獲得的長期銀行信貸並沒有顯著差異；Bank * Einvt * MP 的迴歸系數為 -0.086,7，在 10% 水準上顯著，表明相比於貨幣政策寬鬆期，銀行持股公司的過度投資行為在貨幣政策緊縮期獲得的銀行長期信貸要少，這與研究假說 3 一致。在投資不足迴歸組中，Bank 的迴歸系數不顯著；Einvt 的迴歸系數顯著為正，表明投資不足的程度越低，獲得的長期銀行借款越多；Bank * Einvt 的迴歸系數顯著為正，表明隨著投資不足程度的降低，

表 4.7 全樣本長期銀行借款的迴歸結果

	全樣本		Einvt>0		Einvt<0	
	迴歸系數	T值	迴歸系數	T值	迴歸系數	T值
Intercept	0.456,1	4.64***	0.469,8	5.14***	0.435,0	6.11***	0.413,7	6.21
Bank	0.146,0	2.21**	0.144,1	2.34**	-0.005,4	-0.31	-0.013,0	-0.55
Einvt	0.311,4	3.74***	0.305,7	3.68***	0.176,1	2.45**	0.172,6	2.42**
MP			-0.024,9	-2.18**			-0.016,6	-2.03**
Bank * Einvt	-0.095,8	-2.17**	-0.091,2	-2.03**	0.267,5	2.40**	0.214,4	2.39**
Bank * MP			0.061,5	1.52			0.015,9	0.47
Bank * Einvt * MP			0.086,7	1.78*			0.106,1	1.71*
IFG	0.232,9	9.75***	0.232,1	9.78***	0.178,7	8.88***	0.178,4	8.88***
IFG * D	0.049,0	2.55**	0.049,2	2.57**	-0.065,1	-2.19**	-0.064,8	-2.18**
SIZE	-0.030,6	-6.55***	-0.031,1	-6.89***	-0.029,0	-8.62***	-0.028,6	-8.80***
TANG	0.131,5	3.88***	0.132,4	3.94***	0.211,7	8.97***	0.211,5	8.98***
Growth	-0.034,9	-3.28***	-0.034,2	-3.23***	-0.004,0	-0.48	-0.005,0	-0.61
ROA	0.113,7	1.40	0.116,7	1.47	0.069,6	1.45	0.070,8	1.49
LEV	0.475,3	14.08***	0.472,9	14.16***	0.306,3	12.45***	0.306,6	12.48***
POE	-0.020,1	-1.58	-0.020,1	-1.62	-0.018,4	-2.02**	-0.017,4	-1.96**
Risk	-0.186,3	-2.07**	-0.187,9	-2.11**	-0.157,7	-2.85***	-0.154,2	-2.82***
Adj-R2	0.214,4		0.215,1		0.160,6		0.159,5	
F	33.91		40.41		36.55		43.07	
N	3,738		3,738		5,763		5,763	

註：***、**、* 分別表示在 1%、5%、10%的水準下顯著。

銀行持股公司和非銀行持股公司獲得長期銀行借款的變化速度存在顯著差異，即隨著投資不足程度的降低，銀行持股公司獲得的長期銀行借款要多於非銀行持股公司，表明銀行持股公司投資效率與銀行借款之間的敏感性要高於非銀行持股公司，這與研究假說 2 一致。在第二個迴歸結果中，Bank、Einvt 和 Bank * Einvt 的迴歸係數和顯著性水準與第一個迴歸結果類似，表明迴歸結果的穩健性；MP 的迴歸結果顯著為負，表明公司在貨幣政策緊縮期獲得的短期銀行信貸要顯著少於貨幣政策寬鬆期；Bank * MP 的迴歸係數為正但不顯著，表明在貨幣緊縮期銀行持股公司與非銀行持股公司獲得的長期銀行信貸不存在顯著差異；Bank * Einvt * MP 的迴歸係數顯著為正，表明相比於貨幣政策寬鬆期，在通貨緊縮期銀行持股公司的投資不足程度降低時獲得的銀行短期信貸要多，這與研究假說 3 一致。此外，IFG 的迴歸係數顯著為正，與 Frank 和 Goyal（2003）的迴歸結果一致；SIZE 的迴歸係數顯著為負；TANG 的迴歸係數顯著為正；Growth 的迴歸係數顯著為負；LEV 的迴歸係數顯著為正；POE 的迴歸係數為負；Risk 的迴歸係數顯著為負。ROA 的迴歸係數不顯著。

4.4.3 債轉股、債務融資與投資效率的迴歸分析

表 4.8 報告了全樣本債務融資對投資效率影響的迴歸結果。在過度投資樣本組中，Bank * LEV 的迴歸係數為 -0.346，在 1%水準上顯著，表明債轉股公司的債務融資對

過度投資行為的約束作用大於非債轉股公司，這與研究假說7一致。Bshare*LEV的迴歸系數為-6.575，在5%水準上顯著，Bsharesq*LEV的迴歸系數為13.639，在10%水準上顯著，表明銀行股東持股比例與債務融資的交互作用和公司的過度投資程度的影響呈現正U形關係。具體而言，即當銀行股東持股比例不超過24.10%時，債轉股公司的債務融資對公司的過度投資行為具有顯著負的影響；而當銀行股東持股比例超過24.10%時，債轉股公司的債務融資則可以顯著地提高公司的過度投資程度。由於24.10%位於銀行股東持股比例的最上端分位數，表明整體上銀行股東的持股比例與債務融資的交互作用和公司的過度投資行為具有負向線性關係，即隨著銀行股東持股比例的上升，債轉股的債務融資對公司的過度投資行為具有抑製作用。在投資不足的迴歸結果中，Bank*LEV的迴歸系數為0.218，在1%水準上顯著，表明債轉股公司的債務融資對投資不足行為的約束作用大於非債轉股公司，這與研究假說7一致。Bshare*LEV的迴歸系數為4.187，在1%水準上顯著，Bsharesq*LEV的迴歸系數為-6.994，在5%水準上顯著，表明銀行股東持股比例與債務融資的交互作用和公司的投資不足程度的影響呈現倒U形關係。具體而言，即當銀行股東持股比例不超過29.93%時，債轉股公司的債務融資對公司的投資不足行為具有顯著負的影響；而當銀行股東持股比例超過29.93%時，債轉股公司的債務融資則可以顯著地提高公司的投資不足程度。由於

表4.8 全樣本銀行債務融資對投資效率的影響的迴歸結果

	過度投資				投資不足			
	迴歸係數	T值	迴歸係數	T值	迴歸係數	T值	迴歸係數	T值
Intercept	0.898	3.67***	0.896	3.66***	−1.004	−10.3***	−1.027	−10.5***
Bank	0.037	0.80			−0.007	−0.38		
Bank * LEV	−0.346	−2.87*			0.218	3.35***		
Bshare			1.896	1.92*			−0.253	−0.85
Bsharesq			−4.889	−1.89*			0.372	0.59
Bshare * LEV			−6.575	−2.53**			4.187	3.52***
Bsharesq * LEV			13.639	1.80*			−6.994	−2.36**
FCF	0.004	0.81	0.004	0.83	0.010	1.41	0.010	1.42
POE	0.093	3.59***	0.089	3.45***	−0.034	−3.28***	−0.032	−3.04***
Bigshare	0.082	1.17	0.001	1.49	−0.043	−1.51	−0.047	−1.63
Dual	−0.060	−1.97*	−0.060	−1.94*	−0.011	−0.90	−0.010	−0.81
Exeshare	0.650	1.55	0.680	1.63	−0.029	−0.45	−0.032	−0.49
Indirector	0.072	0.39	0.069	0.38	−0.058	−0.87	−0.050	−0.75
Tobin–Q	0.054	1.44	0.060	1.59	−0.010	−1.14	−0.010	−1.13
SIZE	−0.018	−1.65*	−0.018	−1.67*	0.031	6.80***	0.032	7.00***
LEV	−0.022	−1.67*	−0.024	−1.83*	−0.002	−1.32	−0.002	−1.33
Adj–R2	0.033,4		0.032,5		0.052,6		0.052,5	
F	5.72		5.31		12.64		11.91	
N	4,238		4,238		6,504		6,504	

註：***、**、*分別表示在1%、5%、10%的水準下顯著。

29.93%位於銀行股東持股比例的最上端分位數，表明整體上銀行股東的持股比例與債務融資的交互作用和公司的投資不足行為具有負向線性關係，即隨著銀行股東持股比例的上升，債轉股的債務融資對公司的投資不足行為具有抑製作用。此外，其他變量的迴歸結果與第3章的迴歸結果相類似。

4.4.4 穩健性檢驗

為了檢驗上述迴歸結果的穩健性，本書還進行了如下穩健性檢驗：①以年初總市值為規模對企業的融資進行了標準化。②考慮到銀行持股比例過低或不在持股公司派出董事的情況，則銀行不足以充分對公司發揮影響力，也難以獲取更多的信息，故本書將銀行持股重新定義為：除直接持有公司股份外，銀行還直接派出其員工到持股公司擔任董事或監事職位。為此，本書首先以CSMAR數據庫公司治理模塊股東數據為基礎收集了銀行股東數據，然後通過查閱公司年度報告以確認公司高管是否有來自銀行的股東。這樣，本書總共獲得了650個公司/年度觀察值。在此基礎上，本書以行業、年度、總資產和營業收入為標準，選取了銀行持股的配對樣本。③以市場指標為基礎重新計算了投資效率。重複上述迴歸模型後發現迴歸結果並沒有發生重大變化。

4.5　實證結論與政策建議

本章以 1999—2008 年中國 A 股上市公司為樣本，以銀行持股為代理變量研究了債轉股對公司融資結構以及投資效率和債務融資在債轉股這一協調變量下的相互影響，研究結果發現，相較於非銀行持股公司銀行持股公司進行了更多的銀行債務融資，包括短期銀行債務融資和長期銀行債務融資，進行了更少的商業信用融資，權益融資和內源融資則沒有顯著差異；銀行持股公司的債務融資與投資效率的敏感度高於非銀行持股公司；而且中央銀行的緊縮性貨幣政策對銀行持股公司債務融資與投資效率的敏感性影響要小於非銀行持股公司；銀行持股公司的債務融資對公司投資效率的影響大於非銀行持股公司。

本節的研究具有如下政策啟示作用：①雖然銀行持股公司獲得了更多的債務融資，包括在中央銀行實施緊縮性貨幣政策時，但並不表明銀行股東對債轉股公司的貸款是預算軟約束的表現，相反，債轉股公司的債務融資在約束非效率投資行為方面體現了更高的約束作用，即債轉股改善了債務融資與投資行為之間的關係。因此，銀行持股作為一種與企業形成長期交易穩定型的銀企關係的重要方式，可以為銀行信

贷决策所需信息的產生和利用提供較為持續便捷的渠道，有利於提高信貸配置與公司行為之間的敏感性。②提高對債權投資者的保護水準可以強化外部投資者對公司治理的約束作用。

5 債轉股的高管激勵效應

5.1 理論分析與研究假說

　　現代企業的典型特徵是財產所有權和經營控制權的分離，即不持有或持有很少公司股份的管理者控制著公司資源的配置權。作為委託人的股東不可能實現對擁有私人信息和企業控制權的經理進行全面徹底的監督；同時，股東和管理者的效用函數並非完全一致，因此，理性的管理者會努力追求自身效用最大化而不是股東財富最大化，由此產生的代理問題會對股東價值帶來嚴重的損害。正是因為認識到「公司所有權和經營權的分離以及經理們非利潤最大化的潛在傾向仍然是許多公司行為的主要構成要素」，因此，尋求合理的經理激勵和約束機制對於實現企業價值最大化具有重要意義。

　　有效的經理薪酬契約能使經理與股東的利益趨於一致，

從而降低代理成本，提高公司價值（Hölmstrom, 1979）[101]。諸多學者的實證研究結果表明，公司業績與經理薪酬具有顯著的正相關關係，經理薪酬對公司績效有著直接的正向作用（Jensen et al., 1990）[102]。儘管合理的薪酬契約被認為是協調股東—管理者委託代理關係的有效工具（Holmstrom, 1979），然而，人們越來越認識到，負債可以約束管理者並按照股東的利益行事，即債務融資不僅能幫助公司獲得稅盾效應，還具有一定的治理效應，如減少經理的自利行為（Grossman et al., 1983）、減少自由現金流（Jensen, 1986）、充當信息角色和管教角色（Harris et al., 1990），從而緩解股東與經理之間的利益衝突。相關實證研究的結果也表明，負債和企業價值之間存在著顯著的正相關關係（Masulis, 1983）[103]。

由此可見，高管薪酬激勵和債務融資都可以積極影響企業的價值，那麼，它們之間又呈現什麼樣的關係呢？是替代或互補，還是存在一定的協調變量？Berkovitch et al.（2000）認為，負債具有管教和監督管理者的作用[104]。在提高管理者激勵追求企業價值最大化時，債務融資與管理者薪酬激勵之間存在著互補的關係，即較高的管理者薪酬激勵和較高的債務融資水準呈現正相關關係；而且債務融資率與高管薪酬還構成了較高的薪酬業績敏感性，即債務率越高、高管薪酬激勵力度越大的公司，高管薪酬業績敏感性越高。研究結果表明債務融資和高管薪酬構成了更好的「激勵與控制系統」，

實現了更高的公司價值。然而，Jain 和 Kundu（2006）卻發現，債務融資與管理者薪酬激勵存在相互替代的關係[105]。他們通過一個基於不確定性和信息不對稱環境下的動態模型，研究了債務（破產風險）對高管薪酬的影響。筆者認為，高管薪酬存在兩種顯示效應：一是提供高管的激勵效應；二是顯示高管的類型，即投資者能夠通過高管薪酬所產生的信息來評價公司主要的經營決策和公司監督管理者的情況，從而起到學習/甄別公司和管理者的作用。作者發現，債務在以上兩個方面均扮演了高管薪酬的替代作用機制，即債務融資水準能顯示出高管薪酬水準、高管薪酬業績敏感性水準和高管的學習效應。

由此可見，目前學術研究中對債務融資水準與高管薪酬的關係在理論上存在分歧，即可能存在互補關係，也可能存在替代關係。本書認為，根據債務的相機治理機制理論，債務融資水準與高管薪酬激勵水準對公司價值的影回應該主要呈現為替代關係。這是因為負債融資能夠抑制股東與管理者之間的利益衝突，即負債可被視為一種公司治理的工具，其主要機理在於負債融資的契約屬性：首先，負債融資要求債務人到期無條件歸還本金和支付利息的強制性契約性質可以減少可供管理者自由支配的現金，進而防止管理人員利用企業的閒置資金進行非營利項目投資的過度投資行為；其次，由於利益的相關性債權人有動機對企業的管理人員實施必要的監控，控制權的狀態依存性迫使企業在不能按期償還債務

時，實現公司控制權向債權人的轉移；最後，債務融資還被視為一種擔保機制，由於管理人員的效用依賴於其董事或管理職位，從而依賴於企業的生存，倘若企業經營不善必須破產，此時管理人員就必須承擔與失去任職好處相關的一切破產成本，而破產對管理人員的有效約束取決於企業融資結構變化。隨著負債比例的上升，企業的破產概率也上升。管理人員為了避免失去自己的職位就會努力工作，約束自己，做出更好的投資決策，從而降低由於所有權與控制權分離而產生的代理成本，改善公司治理結構（Grossman et al., 1986）[11]。

因此，本書認為，債轉股對公司高管薪酬激勵的影響主要通過債務水準和監督兩個渠道來發揮作用。首先，債權轉股權後，公司的債務水準將降低，根據債務與高管薪酬激勵的替代關係機制，如果公司高管的薪酬保持不變，則高管薪酬的激勵效應將降低。為了提高高管的激勵效應，在債務水準下降的情形下，只好提高支付給高管的薪酬，即提高高管的薪酬業績敏感性。其次，債權轉股權後，公司的股東結構發生了變化，銀行股東不僅持有公司股權，同時還擁有較多的負債，且考慮到銀行的主要目的在於保障信貸資金的可收回性，這意味著銀行股東會首先為了提高信貸資金的可償還性而對公司加強監督和提高高管薪酬激勵的力度和有效性。由於中國高管薪酬普遍存在管制現象，故存在大量在職消費。銀行股東進入後，在提高監督力度的同時，意味著公司高管的在職消費將減少。為了補償高管的損失和激勵其努力工作，

公司有可能會提供更高的薪酬激勵水準。因此，提高高管薪酬水準對於銀行股東來說非常必要：一方面提高了高管薪酬激勵，可以更好地為銀行債務的償還創造條件（因為對於企業的高管來說，有資金償還借款，也未必會償還）；另一方面，只要企業的經營業績的改善幅度大於提高的高管薪酬水準（絕對水準），讓高管從經營業績中獲得較高比例的收益也並非有害。這樣，對於債轉股企業來說，同時存在兩種效應：一是債務水準的降低對高管薪酬業績敏感性的正向作用；二是出於監督高管和控制在職消費的需要，會提高高管的薪酬水準。據此，本章提出研究假說1和研究假說2：

H1：債權轉股權後，公司高管薪酬業績敏感性將提高；

H2：相對於非債轉股企業來說，債轉股企業的高管薪酬業績敏感性較高。

5.2　檢驗模型與研究變量界定

5.2.1　檢驗模型的設計

為檢驗以上研究假說，本章採用如下模型（1）運用OLS方法進行迴歸，其中檢驗研究假說1採用子樣本，檢驗研究假說2採用全樣本：

$LnETop3 = \beta_0 + \beta_1 Bank + \beta_2 Perf + \beta_3 Bank * Perf + \beta_4 POE + \beta_5$

$\text{Bigshare}+\beta_6\text{Dual}+\beta_7\text{Exeshare}+\beta_8\text{Indirector}+\beta_9\text{SIZE}+\beta_{10}\text{LEV}+\varepsilon$

(1)

其中，因變量 LnEtop3 為高管薪酬。一般而言，高管薪酬主要包括貨幣薪酬和股權激勵兩部分，但是由於中國股權激勵計劃實施較晚，持股比例低、零持股的現象較為普遍（李增泉，2000；魏剛，2000），而且根據公開數據很難識別哪些股票是自購哪些是獎勵的，因此本書借鑑現有文獻（辛清泉 等，2007；方軍雄，2009）的做法[106]，選擇上市公司年報中披露的「薪酬最高的前三位高級管理人員」作為「高管」，取其自然對數作為高管薪酬的衡量指標。在穩健檢驗部分，本書還選取「薪酬最高的前三位董事」作為高管進行了檢驗。自變量中 Perf 為公司業績。研究中，考慮到在中國發布股權激勵計劃和已經實施股權激勵計劃的上市公司中，其業績目標通常選擇剔除非經常性損益後的淨利潤和淨資產收益率兩個指標①，也有部分公司選擇公司股價作為行權條

---

① 萬科（000002）2007 年 4 月實施的股權激勵計劃規定：每一年度激勵基金的提取需達成一定的業績指標條件：每一年度激勵基金提取以公司淨利潤增長率、淨資產收益率、每股收益增長率作為業績考核指標，其啟動的條件具體為：（一）年淨利潤（NP）增長率超過 15%；（二）全面攤薄的年淨資產收益率（ROE）超過 12%；（三）公司如採用向社會公眾增發股份方式或向原有股東配售股份，當年每股收益（EPS）增長率超過 10%。除此之外的情形（如採用定向增發方式實施重大資產購並、換股、引進戰略投資者、配售轉債和股票衍生品種等）則不受此限制。浙大網新（600797）2006 年發布的股權激勵計劃規定：（一）2006—2008 年，公司經審計扣除非經常性損益前淨利潤分別比 2005 年增長 30%、60%、100%；（二）公司經審計扣除非經常性損益後淨利潤較上一年度增長達到或超過 15%；（三）公司經審計扣除非經常性損益後加權平均淨資產收益率增長率比上一年度增長達到或超過 5%。

件之一①，但於中國市場價格受到的影響較大，交易價格波動劇烈，存在很多高管難以控制的事項會影響股價，如2006—2008年「過山車式」的市場價格波動。因此，本書分別選擇剔除非經常性損益後的淨利潤 EBIT 和總資產收益率 ROA，作為公司的業績。之所以沒有選擇淨資產收益率而是總資產收益率，主要是考慮到本書的研究考察的是銀行股東，即同時是公司股東又是債權人的資金提供者，故其關注的不僅僅是權益資本的回報率，而且是包括權益資本和債務資本的回報率。Bank、Bshare 和 Bsharesq 的定義與之前的定義完全一致。

模型（1）中的估計系數 β_1 表示債轉股公司與非債轉股公司間的高管薪酬差異，如果估計系數 β_1 顯著為負，則表明債轉股公司的高管薪酬顯著低於非債轉股公司；估計系數 β_2 表示公司業績與高管薪酬之間的關係，如果 β_2 顯著為正，則表明公司業績越好，高管薪酬越高，即高管薪酬業績敏感性較高；估計系數 β_3 表示債轉股對公司高管薪酬業績敏感性的影響，如果 β_3 顯著為正，則表明債轉股公司的高管薪酬業績敏感性高於非債轉股公司。根據研究假說 1，即債權轉股權後，公司高管薪酬業績敏感性將降低，本章預計在銀行股東

---

① 萬科（000002）2007 年 4 月實施的股權激勵計劃規定：行權期內年均股價不低於行權基準當年。引入市場條款在一定程度上保障了中小股東的利益，如萬科 2008 年和 2009 年均因市場價格未達到 2007 年的均價而導致股權激勵失效，從而避免了在股東受損的情況下高管卻獲得巨額薪酬（萬科提取的激勵基金高達 4.84 億元）。

進入樣本中模型（1）的估計系數 β_3 顯著為負；而根據研究假說 2，相對於非債轉股企業來說，債轉股企業的高管薪酬業績敏感性較高，本書在全樣本中模型（1）的估計系數 β_3 顯著為正。

5.2.2 控制變量的界定

除上述變量外，借鑑現有文獻（辛清泉 等，2007；方軍雄，2009），本書控制了以下變量：企業的產權性質（POE）；大股東的持股比例（Bigshare）；董事長與總經理兩職分離情況（Dual）、高管持股比例（Exeshare）、獨立董事比例（Indirector）、公司規模（SIZE）和財務槓桿（LEV）。這些變量的定義與前面兩章中的定義完全一致。

5.3 描述性統計

5.3.1 基本描述統計

表 5.1 報告了研究變量的主要描述性統計。LnETop3 的平均值是 12.905,0，中位數是 12.958,2，最小值是 8.237,0，最大值是 21.263,6，表明中國上市公司之間的高管薪酬存在較大差異；EBIT 的平均值和中位數分別是 17.950,1 和 17.959,8，最小值是 8.262,1，最大值是 25.990,9，表明中國

不同上市公司之間創造的淨收益存在較大差異，有些公司創造了較大的淨利潤，有些公司則較小；ROA 的平均值和中位數分別是 0.042,2 和 0.052,1，最小值是 -0.770,4，最大值是 0.545,4，表明中國不同上市公司之間的資產盈利能力存在巨大差異，有些公司的資產實現了非常高的收益，只需要 2 年左右即可收回投資資金，有些公司則實現了巨額虧損。

表 5.1　描述性統計

Variable	N	Mean	Median	Min	Max	STD
LnETop3	11,311	12.905,0	12.958,2	8.237,0	21.263,6	0.989,8
LnDTop3	11,311	12.797,3	12.840,0	8.237,0	21.253,9	1.011,6
EBIT	11,083	17.950,1	17.959,8	8.262,1	25.990,9	1.534,9
ROA	12,718	0.042,2	0.052,1	-0.770,4	0.545,4	0.101,3
POE	12,718	0.283,5	0.000,0	0.000,0	1.000,0	0.450,7
Bigshare	12,717	40.773,5	38.980,0	0.390,0	100.000,0	16.919,9
Dual	12,711	0.144,6	0.000,0	0.000,0	1.000,0	0.351,7
Exeshare	12,716	0.011,2	0.000,0	0.000,0	6.914,2	0.109,7
Indirector	12,572	0.261,5	0.333,3	0.000,0	0.750,0	0.149,2
SIZE	12,718	21.158,2	21.051,7	18.366,9	25.247,0	1.033,6
LEV	12,718	0.516,0	0.486,7	0.069,6	3.805,4	0.327,5

5.3.2　相關矩陣分析

表 5.2 報告了變量之間的相關係數矩陣。Bank 與 LnETop3、Bank 與 LnDTop3 均顯著負相關，表明銀行持股公

司的高管薪酬低於非銀行持股公司；Bshare 與 LnETop3、Bshare 與 LnDTop3 顯著負相關，表明銀行股東持股比例越高，高管薪酬越低。Bank 與 EBIT、Bank 與 ROA 顯著負相關，表明銀行持股公司的財務業績低於非銀行持股公司，這與銀行持股公司大多由於財務困境而實施債務重組的原因相符；BShare 與 EBIT、BShare 與 ROA 顯著負相關，表明銀行股東持股比例越高，公司的財務績效越差，這與債轉股企業大多處於財務困境的情況相符合。LnETop3 和 LnDTop3、ROA 顯著正相關，表明公司經營財務業績越好，高管獲得的薪酬越高；與 POE、Exeshare、Indirector、SIZE 顯著正相關，表明非國有公司、高管持股比例越多、獨立董事比例越高、規模越大的公司高管獲得的薪酬越高；與 Bigshare 和 LEV 顯著負相關，說明大股東持股比例越高和負債越多的公司高管薪酬越低，大股東和負債可能是高管薪酬激勵的替代機制，能發揮監督高管的作用。此外，其他變量間的關係也比較明顯和合理，如 Exeshare 與 ROA 顯著正相關，表明高管持股比例越高的公司，資產報酬率越高；從中可以看到，主要解釋變量（Bank 和 Bshare）與其他控制變量之間的相關係數均不超過 0.2，而且以 VIF 進行的多重共線性檢驗也發現 VIF 值均不超過 5，表明多重共線性問題並不嚴重影響本書的研究結論。

表 5.2 相關係數表

Variable	Bank	Bshare	LnETop3	LnDTop3	EBIT	ROA	POE	Bigshare	Dual	Exeshare	Indirector	SIZE	LEV
Bank		0.506***	-0.069***	-0.082***	-0.058***	-0.110***	0.011	-0.169***	0.019*	-0.036**	-0.047***	-0.052***	0.110***
Bshare	0.997***		-0.038*	-0.055**	-0.056**	-0.066***	-0.029*	-0.068***	-0.007	-0.019*	0.003	-0.052***	0.059***
LnETop3	-0.069***	-0.070***		0.886***	0.340***	0.117***	0.035**	-0.111***	0.003	0.046***	0.455***	0.421***	-0.055**
LnDTop3	-0.083***	-0.084***	0.884***		0.329***	0.121***	0.078***	-0.096***	0.008	0.062***	0.384***	0.408***	-0.052**
EBIT	-0.061***	-0.064***	0.350***	0.338***		0.721***	-0.091***	0.175***	-0.039**	-0.026*	0.087***	0.637***	0.018*
ROA	-0.105***	-0.062***	0.115***	0.118***	0.682***		0.134***	-0.045***	0.056***	0.089***	0.032**	0.148***	-0.348***
POE	0.011	0.011	0.021*	0.077***	-0.078***	0.142***		-0.305***	0.103***	0.141***	0.188***	-0.195***	0.126***
Bigshare	-0.171***	-0.175***	-0.098***	-0.091***	0.157***	-0.047***	-0.310***		-0.060***	-0.054***	-0.140***	0.192***	-0.159***
Dual	0.019***	0.016*	0.005	0.006	-0.036**	0.061***	0.103***	-0.059***		0.065***	-0.020*	-0.091***	0.014
Exeshare	0.010	0.008	0.010	0.057***	-0.049***	0.103***	0.073***	-0.125***	0.066***		0.066***	-0.091***	-0.072***
Indirector	-0.042***	-0.041***	0.382***	0.318***	0.086***	0.038**	0.188***	-0.137***	0.002	-0.164***		0.175***	0.136***
SIZE	-0.046***	-0.051***	0.404***	0.396***	0.622***	0.157***	-0.183***	0.169***	-0.086***	-0.092***	0.157***		-0.045***
LEV	0.108***	0.109***	0.015	0.015	0.035**	-0.392***	0.065***	-0.150***	-0.016*	-0.207***	0.155***	0.189***	

註:***、**、*分別表示在1%、5%、10%的水準下顯著。

5.4 迴歸結果

5.4.1 全樣本迴歸分析

表 5.3 報告了全樣本高管薪酬業績敏感性的迴歸結果。當以剔除了非經常性損益後的淨利潤來衡量公司業績時，從中可以看到，Bank 的迴歸系數為-0.119，在 1%水準上顯著，表明相對於非銀行持股公司而言，銀行持股公司的高管薪酬要顯著地低，平均而言要低 11.9%，這主要與銀行持股公司大多處於財務困境、盈利能力有限有關。Perf 的迴歸系數顯著為 0.195，在 1%水準上顯著，說明當公司剔除非經常性損益後的淨利潤每增長 1%時，高管薪酬將增長 0.195%，這一方面說明高管薪酬與公司業績是同向變化的，即公司業績增長時高管薪酬增加，公司業績下降時高管薪酬下降，從而表明隨著中國高管薪酬制度的改革，中國上市公司已經逐步建立起業績型的薪酬機制，高管的薪酬開始較大程度與公司的經營績效掛勾；另一方面也表明高管薪酬的增長速度與公司利潤的增速並不相稱，即高管的薪酬增速只大約相當於公司利潤增速的五分之一，不足以激勵公司高管付出更大的努力。Bank * Perf 的迴歸系數為 0.091，在 5%水準上顯著，說明相對於非銀行持股公司而言，銀行持股公司剔除非經常性損益

表 5.3 全樣本高管薪酬業績敏感性迴歸結果

	EBIT		EBIT		ROA		ROA	
	迴歸系數	T值	迴歸系數	T值	迴歸系數	T值	迴歸系數	T值
Intercept	6.529	41.7***	6.558	41.8***	6.396	40.4***	6.392	40.3***
Bank	−0.119	−5.27***			−0.120	−5.26***		
BSharesq			−1.719	−4.33***			−1.672	−4.26***
BSharesq			3.029	3.45***			2.818	3.23***
Perf	0.195	15.94***	0.205	16.0***	1.750	16.34***	1.247	16.51***
Bank * Perf	0.091	2.48**			0.696	2.25**		
Bshare * Perf			0.361	1.74*			4.356	1.71*
Bsharesq * Perf			0.826	−1.67*			−5.186	−1.66*
POE	−0.015	−0.86	−0.017	−0.99	0.012	0.69	0.011	0.67
Bigshare	−0.006	−12.8***	−0.006	−12.6***	−0.005	−10.8***	−0.005	−10.7***
Dual	0.084	4.13***	0.080	3.97***	0.086	4.21***	0.087	4.25***
Exeshare	0.276	4.54***	0.282	4.63***	0.323	5.20***	0.324	5.21***
Indirector	0.587	5.22***	0.565	5.02***	0.566	4.99***	0.568	5.00***
SIZE	0.251	28.3***	0.250	28.1***	0.328	45.7***	0.328	45.7***
LEV	−0.000	−0.54	−0.000	−0.53	−0.002	−2.17**	−0.002	−2.16**
Adj–R2	0.452,8		0.452,0		0.440,6		0.440,4	
F	319.81		308.29		304.55		294.19	
N	11,065		11,065		11,176		11,176	

註：***、**、*分別表示在1%、5%、10%的水準下顯著。

後的淨利潤每增長1%，高管薪酬將多增加0.091%，表明銀行持股公司的高管薪酬業績敏感性要高於非銀行持股公司，這與研究假說2一致。BShare的迴歸係數為-1.719，在1%水準上顯著；BSharesq的迴歸係數為3.029，在1%水準上顯著，表明銀行股東持股比例與公司的財務槓桿呈現正U形關係。具體而言，即當銀行股東持股比例不超過28.38%時，銀行持股公司的高管薪酬呈現下降趨勢，而超過28.38%時，高管薪酬呈現上升趨勢。由於28.38%位於銀行股東持股比例的最上端分位數，表明整體上銀行股東的持股比例與公司的高管薪酬具有負向線性關係，即隨著銀行股東持股比例的上升，公司的高管薪酬將下降，這與負債與高管薪酬激勵對公司監督能力的替代機制相一致。

當以資產收益率來衡量公司業績時，從中可以看到，Bank的迴歸係數為-0.120，在1%水準上顯著；Perf的迴歸係數顯著為1.750，在1%水準上顯著，說明當公司的資產收益率每增長1%時，高管薪酬將增長1.75%。Bank*Perf的迴歸係數為0.696，在5%水準上顯著。BShare的迴歸係數為-1.672，在1%水準上顯著；BSharesq的迴歸係數為2.818，在1%水準上顯著，表明銀行股東持股比例與公司的財務槓桿呈現正U形關係，具體而言，即當銀行股東持股比例不超過29.67%時，銀行持股公司的高管薪酬呈現下降趨勢，而超過29.67%時，高管薪酬呈現上升趨勢。由於29.67%位於銀行股東持股比例的最上端分位數，表明整體上銀行股東的

持股比例與公司的高管薪酬具有負向線性關係，即隨著銀行股東持股比例的上升，公司的高管薪酬將下降，這與負債與高管薪酬激勵對公司監督能力的替代機制相一致。此外，POE 的迴歸係數不顯著，說明國有公司與非國有公司之間高管薪酬並不存在顯著差異；Bigshare 的迴歸係數顯著為負，說明大股東持股比例越高，公司高管薪酬越低，表明大股東對公司高管薪酬進行了管制，或者大股東依賴於較高的股權對公司發揮了監督作用，從而對公司高管薪酬的激勵形成了替代；Dual 的迴歸係數顯著為正，說明兩職合一的公司高管薪酬越高，表明兩職合一的公司高管利用控制權的集中減緩了薪酬管制的影響，給自己發放了更多的薪酬。Exeshare 的迴歸係數顯著為正，說明高管持股比例越高，高管薪酬也越高，表明一方面公司高管持有股權，對公司的話語權較大，控制權較強，從而為自己制定了較高的薪酬；另一方面可能是高管持股激勵了公司更好的業績，從而獲得了更高的貨幣薪酬。Indirector 的迴歸係數顯著為正，說明獨立董事比例越高的公司，高管薪酬越高，這主要可能是以獨立董事為主要組成部分的薪酬委員會對公司的激勵機制進行了修正，建立了更好的激勵制度，緩和了高管薪酬管制問題。SIZE 的迴歸係數顯著為正，說明規模越大的公司，高管薪酬也越高，這主要是因為規模越大的公司，所需要的管理才能和付出的努力程度均要大於規模較小的公司。LEV 的迴歸係數為負，說明財務槓桿越高的公司，高管薪酬也較低，表明負債治理是

對高管薪酬的一種替代。

5.4.2　子樣本迴歸分析：銀行進入樣本

表5.4報告了銀行股東進入樣本高管薪酬業績敏感性的迴歸結果。當以剔除了非經常性損益後的淨利潤來衡量公司業績時，從中可以看到，Bank的迴歸系數為0.063，在1%水準上顯著，表明相對於銀行股東未進入前而言，銀行股東進入後公司高管的薪酬得到了提升，平均而言增長了6.3%。Perf的迴歸系數為0.179，在5%水準上顯著，說明當公司剔除非經常性損益後的淨利潤每增長1%時，高管薪酬將增長0.179%，這一方面說明高管薪酬與公司業績是同向變化的，即公司業績增長時高管薪酬增加，公司業績下降時高管薪酬下降，從而表明隨著中國高管薪酬制度的改革，中國上市公司已經逐步建立起業績型的薪酬機制，高管的薪酬開始較大程度與公司的經營績效掛勾；另一方面也表明高管薪酬的增長速度與公司利潤的增速並不相稱，即高管的薪酬增速相當於公司利潤增速的五分之一不到，不足以激勵公司高管更大的努力程度。Bank * Perf的迴歸系數為0.084，在10%水準上顯著，說明相對於銀行股東進入前而言，銀行股東進入後，公司剔除非經常性損益後的淨利潤每增長1%，高管薪酬將多增加0.084%，表明銀行股東進入後公司的高管薪酬業績敏感性要高於銀行股東進入前，這與研究假說2完全相反。主要原因可能在於銀行股東進入後，一方面為保障債權的安

表 5.4 銀行進入樣本高管薪酬業績敏感性的迴歸結果

	EBIT						ROA			
	迴歸系數	T值		迴歸系數	T值		迴歸系數	T值	迴歸系數	T值
Intercept	2.182	3.28***		2.473	3.68***		2.340	3.54***	2.397	3.63***
Bank	0.063	4.28***					0.056	3.90***		
BShare				1.848	2.83***				1.809	2.88***
BSharesq				-3.424	-2.64***				-3.300	-2.64***
Perf	0.179	2.04**		0.182	2.09**		0.665	2.21**	1.048	4.07***
Bank * Perf	0.084	1.69*					0.407	1.75*		
Bshare * Perf				0.104	1.37				0.008	0.57
Bsharesq * Perf				-0.145	0.21				2.907	0.85
POE	0.013	0.21		-0.013	-0.20		0.031	0.50	0.024	0.39
Bigshare	-0.009	-4.93***		-0.010	-5.21***		-0.008	-4.70***	-0.009	-4.85***
Dual	-0.045	-0.64		-0.061	-0.88		-0.033	-0.47	-0.042	-0.61
Exeshare	151.098	2.64***		144.379	2.52**		149.754	2.62***	145.045	2.54**
Indirector	0.305	0.84		0.222	0.61		0.332	0.91	0.321	0.89
SIZE	0.505	14.45***		0.491	14.04***		0.517	17.23***	0.516	17.2***
LEV	-0.016	-0.26		-0.013	-0.21		0.075	1.20	0.055	0.87
Adj-R2	0.508,9			0.509,4			0.510,0		0.512,2	
F	33.71			32.65			33.86		33.01	
N	872			872			885		885	

註：***，**，* 分別表示在 1%、5%、10% 的水準下顯著。

全性而加強了公司的監管，另一方面為了基本股東的利益而對公司高管提供高薪酬以激勵，從而使得公司高管付出了較多的努力。BShare 的迴歸系數為 1.848，在 1%水準上顯著；BSharesq 的迴歸系數為 -3.424，在 5%水準上顯著，表明銀行股東持股比例與公司的財務槓桿呈現倒 U 形關係，具體而言，即當銀行股東持股比例不超過 26.99%時，銀行持股公司的高管薪酬呈現上升趨勢，而超過 26.99%時，高管薪酬呈現下降趨勢。由於 26.99%位於銀行股東持股比例的最上端分位數，表明整體上銀行股東的持股比例與公司的高管薪酬具有正向線性關係，即隨著銀行股東持股比例的上升，公司的高管薪酬將上升。

當以資產收益率來衡量公司業績時，從中可以看到，Bank 的迴歸系數為 0.056，在 1%水準上顯著；Perf 的迴歸系數為 0.665，在 5%水準上顯著。Bank * Perf 的迴歸系數為 0.407，在 10%水準上顯著。BShare 的迴歸系數為 1.809，在 1%水準上顯著；BSharesq 的迴歸系數為 -3.300，在 1%水準上顯著，表明銀行股東持股比例與公司的財務槓桿呈現正 U 形關係，具體而言，即當銀行股東持股比例不超過 27.41%時，銀行持股公司的高管薪酬呈現下降趨勢，而超過 27.41%時，高管薪酬呈現上升趨勢。由於 27.41%位於銀行股東持股比例的最上端分位數，表明整體上銀行股東的持股比例與公司的高管薪酬具有正向線性關係，即隨著銀行股東持股比例的上升，公司的高管薪酬將上升。此外，POE 的迴

歸系數不顯著，說明國有公司與非國有公司之間高管薪酬並不存在顯著差異；Bigshare 的迴歸系數顯著為負，說明大股東持股比例越高，公司高管薪酬越低，表明大股東對公司高管薪酬進行了管制，或者大股東依賴於較高的股權對公司發揮了監督作用，從而對公司高管薪酬的激勵形成了替代；Dual 的迴歸系數不顯著；Exeshare 的迴歸系數顯著為正，說明高管持股比例越高，高管薪酬也越高，表明一方面公司高管持有股權，對公司的話語權較大，控制權較強，從而為自己制定了較高的薪酬；另一方面可能是高管持股激勵了公司更好的業績，從而獲得了更高的貨幣薪酬。Indirector 的迴歸系數不顯著。SIZE 的迴歸系數顯著為正，說明規模越大的公司，高管薪酬也越高，這主要是因為規模越大的公司，所需要的管理才能和付出的努力程度均要大於規模較小的公司。LEV 的迴歸系數不顯著。

5.4.3　子樣本迴歸分析：銀行退出樣本

表 5.5 報告了銀行股東退出樣本高管薪酬業績敏感性的迴歸結果。當以剔除了非經常性損益後的淨利潤來衡量公司業績時，從中可以看到，Bank 的迴歸系數為 0.106，在 5% 水準上顯著，表明相對於銀行股東退出後，銀行股東持有期間公司高管的薪酬較高，平均而言高出了 10.6%。Perf 的回歸系數為 0.212，在 5% 水準上顯著，說明當公司剔除非經常性損益後的淨利潤每增長 1% 時，高管薪酬將增長 0.212%。

表 5.5　銀行退出樣本高管薪酬業績敏感性的回歸結果

	EBIT				ROA			
	回歸系數	T值	回歸系數	T值	回歸系數	T值	回歸系數	T值
Intercept	6.785	12.8***	6.690	12.6***	6.823	12.9***	6.765	12.8***
Bank	0.106	2.10**			0.118	2.34**		
Bshare			3.143	2.32**			3.090	2.25**
Bsharesq			-8.801	-1.68*			-8.066	-1.26
Perf	0.212	2.17**	0.019	1.11	0.443	1.68*	0.171	0.76
Bank * Perf	0.157	2.35**			0.892	2.42**		
Bshare * Perf			0.160	2.14**			2.669	3.11***
Bsharesq * Perf			-0.516	-1.47			-13.120	-2.21**
POE	-0.073	-1.43	-0.064	-1.23	-0.069	-1.35	-0.066	-1.30
Bigshare	-0.010	-6.43***	-0.010	-5.74***	-0.011	-6.84***	-0.011	-6.77***
Dual	0.030	0.48	0.049	0.80	0.024	0.40	0.026	0.43
Exeshare	-1.310	-0.65	-1.137	-0.56	-1.611	-0.80	-1.233	-0.61
Indirector	-0.104	-0.30	-0.129	-0.37	-0.125	-0.36	-0.139	-0.41
SIZE	0.320	11.18***	0.324	11.32***	0.333	14.02***	0.336	14.13***
LEV	-0.267	-4.14***	-0.273	-4.20***	-0.163	-2.42**	-0.159	-2.35**
Adj-R2	0.458,5		0.457,8		0.461,7		0.462,2	
F	35.6		34.31		36.04		34.91	
N	1,136		1,136		1,145		1,145	

註：***、**、*分別表示在1%、5%、10%的水準下顯著。

Bank * Perf 的迴歸係數為 0.157，在 5% 水準上顯著，說明相對於銀行股東退出後而言，銀行股東持有期間公司剔除非經常性損益後的淨利潤每增長 1%，高管薪酬將多增加 0.157%，這與研究假說 2 也不相同。主要原因可能在於銀行股東進入後，一方面為保障債權的安全性而加強了對公司的監管，另一方面為了基本股東的利益而對公司高管提供高薪酬以激勵，從而使得公司高管付出了較多的努力，但銀行股東退出後，債權人的監督機制大為減弱。BShare 的迴歸係數為 3.143，在 5% 水準上顯著；BSharesq 的迴歸係數為 -8.801，在 10% 水準上顯著，表明銀行股東持股比例與公司的財務槓桿呈現倒 U 形關係，具體而言，即當銀行股東持股比例不超過 17.86% 時，銀行持股公司的高管薪酬呈現上升趨勢，而超過 17.86% 時，高管薪酬呈現下降趨勢。當以資產收益率來衡量公司業績時，從中可以看到，Bank、Perf 和 Bank * Perf 的迴歸係數與前述迴歸結果類似。此外，Bigshare 的迴歸係數顯著為負；SIZE 的迴歸係數顯著為正；LEV 的迴歸係數顯著為負。POE、Dual、Exeshare 和 Indirector 的迴歸係數不顯著。

5.4.5 穩健性檢驗

為了檢驗上述迴歸結果的穩健性，本書還做了如下穩健性檢驗：①以最多的前三名董事薪酬的平均值作為高管薪酬的衡量指標；②重新定義銀行持股為除直接持有公司股份外，

銀行還直接派出其員工到持股公司擔任董事或監事職位。重複上述迴歸模型後發現迴歸結果沒有發生重大變化。

5.5 實證結論與政策建議

　　本章考察了債轉股對公司高管的激勵效應，具體而言，本章研究了債轉股對高管薪酬業績敏感性的影響。研究結果發現，相對於非債轉股企業來說，債轉股企業的高管薪酬業績敏感性較高，而且，債權轉股權後，公司高管薪酬業績敏感性也得到了提高。研究結果表明，債轉股改善了債權對公司高管的監督，積極發揮了債務對高管薪酬激勵的替代效應。

　　本章的研究具有如下政策啟示作用：股權結構的優化有助於增強高管薪酬與公司業績的對應關係，故當單一大股東持股比例過高時，可以引進新的股東改善公司治理的監督機制以更好地激勵高管；提高債權人利益的保障水準可以在公司治理中更好地發揮債務的相機治理作用及其對高管激勵的替代效應。

6 債轉股與公司價值

6.1 理論分析與研究假說

　　債轉股發生的背景是國有企業債務率非常高以及所導致的沉重的財務負擔。實際上，對於企業的資本結構來說，債務率過高就表明企業的權益資本過低，表現為資本金不足（the problem of under-capitalization）。周小川（1999）認為資本金不足往往是在市場化條件還不充分的情況下，企業、產業或者整體經濟過分快速膨脹所致[2]。資本金不足容易引發企業經營的多種問題，包括薄弱的法人法理結構、內部人控制和預算軟約束問題等。薄弱的法人治理結構將導致股東權利與公司高管控制權之間的衝突、公司監督機制和高管激勵機制的缺位、財務信息披露的混亂和不透明等；內部人控制則由於所有者與經營者利益的不一致，出現了管理者控制公

司的現象，籌資權、投資權、人事權等都掌握在公司的管理者手中即內部人手中，股東很難對其行為進行有效的監督，從而引發管理者的短期行為、過度投資、過分的在職消費等，這不僅在不同程度上損害了股東的長遠利益，提高了代理成本，還導致了公司會計信息的不透明。預算軟約束則一方面導致企業的風險偏好過強，即不管經營/投資項目的好壞或風險大小，只要能從銀行獲取借款即大量投入，若成功了就成為企業領導的績效，若失敗了則項目的資金來自銀行，企業並沒有多少資金在項目裡；另一方面將增加政府對企業經營不善的補貼，尤其是國有企業普遍在一定程度上承擔著社會性政策負擔的情形下。這是因為政府對企業的政策性負擔所造成的虧損負有補貼責任，政府為了讓這些承擔著政策性負擔的國有企業繼續生存下去，就必須對國有企業進行事前的保護或補貼，但是由於信息不對稱，政府無法確知政策性負擔給企業帶來的虧損是多少，也很難分清楚一個企業的虧損是政策性負擔造成的還是企業自身的管理不當或是企業管理人員的道德風險造成的。在激勵不相容的情況下，企業管理者將各種虧損，包括政策性負擔形成的虧損和道德風險、管理不當等造成的虧損都歸咎於政策性負擔，在政策無法分清楚這兩種虧損的差別，而又不能推脫對政策性負擔造成的虧損的責任時，就只好把企業所有虧損的責任都負擔起來，在企業的虧損形成後又給予事後的補貼（林毅夫 等，2004）[87]。因此，在債務率過高或資本金不足的情況下，企

業容易出現「註資不足綜合徵」（under-capitalization syndrome）。

債轉股（debt for equity swap），是指把原來銀行與企業間的債權債務關係轉變為銀行或金融資產管理公司與企業間的股權關係，債權轉為股權後，原來的還本付息就轉變為按股利分紅。通過債轉股，不僅可以解決企業的財務負擔，還可以解決企業的資本金不足問題。不過，基於銀行的視角來看，銀行在開始就確定貸款給企業時，一般而言就沒有動機對企業進行持股，因為不需要持股以監督企業來保障貸款的安全性。但如果企業出現嚴重經營問題、貸款本金難以償還時，銀行則會根據不同情況考慮不同的保全措施，如催還、縮減本金償還、延長貸款期限、減輕利息、處理抵押品、法律訴訟、債轉股、破產清算等。可見，債轉股是一般保全措施中的最後的解決措施（the last resort），或者是除破產清算後的倒數第二個解決措施（the second last resort）。那麼，債轉股的目的主要是減輕企業財務負擔嗎？周小川（1999）認為企業債務融資的利息負擔主要是與經濟及政策週期有關的，而債轉股並不是一種抗週期性的手段，故債轉股在一般意義上不適用於單純減輕企業利息負擔。

本書認為，債轉股的主要目的在於對企業的法人治理結構進行重組，以恢復和提高企業的盈利能力為最終目標。在面臨是否需要進行債轉股時，債權人必須做出判斷，這些企業到底出了什麼樣的問題，是什麼原因導致企業目前的困境。

一般而言，首先是看企業的管理存在的問題，包括日常管理，如成本管理混亂、產品定價不合適、生產質量管理不力、材料採購價格過高或材料質量不合格、研究開發能力不足、產品結構不合理或營銷不力等，也包括企業的治理結構，如股東、董事會、監事會沒有真正發揮監管作用，管理者激勵與約束機制缺位，財務管理混亂，外部審計走形式，人事管理任人唯親等。如果企業無法提出令人置信的管理重構規劃和還債計劃，那麼，銀行就可以提出自己的看法，進而通過債轉股以獲得表決權，因此，債轉股的意義主要不在於減少了利息負擔，而是加大債權銀行的控制力，加大對貸款對象的壓力，加大銀行對企業財務問題的影響力。因此，債轉股的實質作用是變更企業內部的法人治理結構，並使企業能夠接受嚴厲或者痛苦的重組計劃，例如調整企業領導人、財務主管、裁員、分拆、收購兼併等。

然而，銀行同樣為國家所有，同樣可能存在預算軟約束問題，即在貸款出現呆帳壞帳時，把原因歸結為政府的干預所致，從而推脫自身貸款審核不嚴格的責任。這樣，即使在債轉股之後，銀行直接成為企業的股東也沒有足夠的激勵以改善企業的法人治理。不過，周小川（1999）認為債權轉換成股權是會有一定的效果的，原因就在於國有銀行的內部有一整套激勵機制，也有內部的橫向比較和競爭[2]。在內部考核上包括設定信貸人員的業績與信貸資產質量和信貸收益直接相關，並規定個人業績與員工個人的獎懲、升遷及處分相

掛勾；當商業銀行或資產管理公司的員工在債轉股企業的董事會任職後，對其考核則將主要取決於企業能否通過董事會的督導以順利完成整改和實現扭虧為盈；在橫向比較和競爭上，中國不僅存在不同銀行之間的比較和競爭，還包括同一銀行不同分行之間的競爭，同一分行不同支行之間的競爭等。這種橫向比較和競爭也會激勵銀行或金融資產管理公司管理者的努力行為，因為管理者不僅需要業績以獲得貨幣薪酬獎勵，也需要業績以獲得政治升遷。銀行業績不僅與管理者的個人薪酬、政治升遷相關，還與銀行整體上的發展能力、風險管理和競爭優勢相關，因為根據《巴塞爾報告》《關於統一國際銀行的資本計算和資本標準的報告》及中國《商業銀行資本充足率管理辦法》等關於全面風險管理的要求，銀行資本充足率必須達到 8% 以上（其中核心資本充足率不得低於 4%）。這樣銀行必須創造更多的利潤以滿足資本充足率要求，從而實現資產的擴張。此外，財政部和中央銀行對商業銀行或金融資產管理公司的關注和監督也會給銀行管理者帶來壓力。綜上，債轉股作為一種手段給建立和改進公司治理結構創造了條件和機遇，從而能促使企業通過整改、重組來擺脫困境，也使金融資產轉劣為優。據此，本章提出如下研究假說 1：

　　H1：債轉股後，公司的價值將高於債轉股前。

　　一般而言，投資效率較高的公司，其公司價值也較高。不過，相對於其他公司，債轉股公司由於存在銀行股東，從

而可以向外部投資者發出積極信號：銀行股東兼具股東和債權人的身分，可以積極約束控股股東對中小股東的掠奪行為，可以積極減輕股東與管理者之間的代理問題，也可以減輕股東與債權人之間的利益分歧，尤其在投資決策問題上。結合第 3 章的研究發現，債轉股公司的投資行為較為優化，即過度投資和投資不足的程度均較低，故本章提出如下研究假說 2[①]：

H2：債轉股公司的投資效率對公司價值的正向影響大於非債轉股公司。

6.2 檢驗模型與研究變量界定

6.2.1 檢驗模型與因變量設計

在前面幾章中，衡量債轉股的治理效應時分別從投資、

[①] 在前文中，本書分別分析了債轉股對公司投資效率、融資結構和高管薪酬敏感度的影響。按理來說，本書在此章也應檢驗債轉股公司通過融資結構、高管薪酬敏感度的變化對公司價值的影響，但由於以下的原因沒有做此檢驗：首先，在第 4 章中本書檢驗了債轉股公司債務融資對企業投資效率的影響，這也就在一定程度上檢驗了債轉股公司債務融資對公司價值的影響；其次，高管薪酬敏感度並不是一個單獨的指標，而是通過迴歸來發現兩個變量之間的關係，故在技術上本書難以檢驗高管薪酬敏感度對公司價值的影響。當然，通過延長時間期間以個別公司進行迴歸來發現高管薪酬敏感度較高的公司是一個途徑，但中國上市公司上市期間普遍較短，短於 15 年，披露了高管薪酬的期間則更短，這就限制了迴歸方法在時間序列上的應用。

融資和高管激勵等方面進行了分析，相應地採用的指標包括投資效率、資產負債率、高管薪酬、會計業績等，這些指標是會計指標或以會計數據為基礎計算所得，故可能存在指標被操縱、難以衡量會計無法確認的因素。為了彌補這一缺陷，本書同時採用會計指標和市場指標來衡量公司的價值①。

為檢驗以上研究假說，本章採用如下模型（1）至模型（3）運用OLS方法進行迴歸，其中檢驗研究假說1採用子樣本，檢驗研究假說2採用全樣本：

$$ExbiTa = \beta_0 + \beta_1 Bank + \beta_2 Einvt + \beta_3 Bank * Einvt + \beta_4 POE + \beta_5 Bigshare + \beta_6 Dual + \beta_7 Exeshare + \beta_8 LnETop3 + \beta_9 SIZE + \beta_{10} LEV + \varepsilon \quad (1)$$

$$MB = \beta_0 + \beta_1 Bank + \beta_2 Einvt + \beta_3 Bank * Einvt + \beta_4 POE + \beta_5 Bigshare + \beta_6 Dual + \beta_7 Exeshare + \beta_8 LnETop3 + \beta_9 SIZE + \beta_{10} LEV + \beta_{11} ROA + \varepsilon \quad (2)$$

$$Yrtd = \beta_0 + \beta_1 Bank + \beta_2 Einvt + \beta_3 Bank * Einvt + \beta_4 POE + \beta_5 Bigshare + \beta_6 Dual + \beta_7 Exeshare + \beta_8 LnETop3 + \beta_9 SIZE + \beta_{10} LEV + \beta_{11} ROA + \varepsilon \quad (3)$$

其中，因變量ExbiTa為公司的會計利潤。一般來說，衡量公司的盈利能力的會計指標包括營業利潤（絕對值）、剔除非經營性損益後的淨利潤、淨利潤、總資產收益率、淨資

---

① 市場指標也有其自身缺陷，如證券市場價格未必是公司內在價值的合理反應，特別是在證券市場有效性較差的情況下。所以，同時使用會計和市場指標可以檢驗研究結論的有效性。

產收益率、銷售利潤率等，但綜合而言，營業利潤衡量的是公司主營業務的盈利能力，相對較為穩定，不易受到操縱，故本書選擇營業利潤與總資產之比作為公司盈利能力的會計指標。MB 是公司的市淨率，既衡量市場對公司資產的估值，又衡量公司的投資機會，計算公式是年末市場價值/年末帳面價值。MB 越大，說明市場越看好公司的成長性和潛在價值。Yrtd 是考慮現金分紅的公司的年度回報率。Yrtd 越大，說明公司的經營活動給投資者帶來的投資回報率越高，也說明投資者看好公司的價值。解釋變量 Einvt 衡量的是公司的投資效率。為了更好、更直觀地反應投資效率，本書對第 3 章計算的投資效率進行了重新定義，其定義過程如下：首先，將第 3 章計算的投資效率按大小分年度排序並進行四等分；其次，中間兩等份相對於兩端的兩等份而言，投資效率較高。故若處於中間兩等份則 Einvt＝1，否則 Einvt＝0。這樣可以較為直觀地看出公司的投資效率。Bank、Bshare 和 Bsharesq 的定義與之前的定義完全一致。

模型（1）中的估計系數 β_1 表示債轉股公司與非債轉股公司間的盈利能力差異，如果估計系數 β_1 顯著為負，則表明債轉股公司的盈利能力顯著低於非債轉股公司；估計系數 β_2 表示公司投資效率與公司盈利能力之間的關係，如果 β_2 顯著為正，則表明公司投資效率越高，公司的盈利能力越強；估計系數 β_3 表示公司投資效率對公司盈利能力的影響在債轉股公司與非債轉股公司間的差異，如果 β_3 顯著為正，則表明相

對於非債轉股公司而言，債轉股公司的投資效率對公司盈利能力的影響要大。根據研究假說1，即債轉股後，公司的價值將高於債轉股前，本書預計在銀行股東進入樣本中模型（1）的估計系數 β_1 顯著為正；而根據研究假說2，即債轉股公司的投資效率對公司價值的正向影響大於非債轉股公司，本書預計模型（1）的估計系數 β_3 顯著為正。相類似地，模型（2）和模型（3）的估計系數 β_1、β_2 和 β_3 分別表示債轉股公司與非債轉股公司、投資效率以及它們兩者交互作用對公司市場價值和投資回報的影響。

6.2.2　控制變量的界定

除上述變量外，借鑑現有文獻（辛清泉 等，2007；方軍雄，2009），本書控制了以下變量：企業的產權性質（POE）；大股東的持股比例（Bigshare）；董事長與總經理兩職分離情況（Dual）、高管持股比例（Exeshare）、高管薪酬（LnEtop3）、獨立董事比例（Indirector）、公司規模（SIZE）和財務槓桿（LEV）。這些變量的定義與前面幾章中的定義完全一致。

6.3 描述性統計

6.3.1 基本描述統計與均值比較

表 6.1 的 Panel A 部分報告了研究變量的主要描述性統計。市場估值在不同公司間存在巨大差異，MB 的平均值和中位數分別是 4.422,9 和 3.004,7，最小值是 0.691,0，最大值是 93.000,1，說明有些公司的市場價值低於帳面價值，而有些公司則被市場給予了很高的估值。Yrtd 的平均值和中位數分別是 0.250,5 和 -0.086,9，說明中國上市公司的平均年度回報是 25.05%，但中位數顯示，一半公司的年度觀察值處於虧損狀態，說明公司間的收益率可能處於不平衡狀態；Yrtd 的最小值和最大值分別是 -0.842,1 和 6.422,3，說明有些公司的股價一年下跌了八成，而有些公司則一年上漲了 6 倍，不同公司不同年度間存在巨大差異。

表 6.1 的 Panel B 部分報告了主要變量的差異比較。ExbiTa 在非債轉股公司裡的平均值和中位數分別是 0.035,1 和 0.041,6，在債轉股公司裡則為 -0.000,1 和 0.018,4，它們之間的差異在均值檢驗和中位數檢驗中均在 1% 水準上顯著，說明非債轉股公司的盈利能力遠高於債轉股公司。MB 在非債轉股公司裡的平均值和中位數分別是 4.279,9 和 2.977,4，

表 6.1　描述性統計

Panel A：基本描述統計

Variable	N	Mean	Median	Minimum	Maximum	Std Dev
ExbiTa	12,718	0.031,0	0.039,4	-0.340,5	0.214,9	0.079,0
MB	12,135	4.422,9	3.004,7	0.691,0	93.000,1	5.835,4
Yrtd	11,746	0.250,5	-0.086,8	-0.842,1	6.422,3	0.940,5

Panel B：主要變量的差異比較

	Bank=0		Bank=1		(Bank=0)-(Bank=1)			
	Mean	Median	Mean	Median	Mean	T	Median	Z
ExbiTa	0.035,1	0.041,6	-0.000,1	0.018,4	0.035,2	12.62***	0.023,2	4.31***
MB	4.279,9	2.977,4	5.573,9	3.318,5	-1.294,0	-5.62***	-0.341,2	-4.92***
Yrtd	0.214,7	-0.096,6	0.255,6	-0.084,3	-0.040,8	-1.93*	-0.012,4	-1.83*

註：***、**、*分別表示在1%、5%、10%的水準下顯著。

在債轉股公司裡則為 5.573,9 和 3.318,5，它們之間的差異在均值檢驗和中位數檢驗中均在 1% 水準上顯著，說明債轉股公司的市場估值遠高於非債轉股公司。Yrtd 在非債轉股公司裡的平均值和中位數分別是 0.214,7 和 -0.096,6，在債轉股公司裡則為 0.255,6 和 -0.084,3，它們之間的差異在均值檢驗和中位數檢驗中均在 10% 水準上顯著，說明債轉股公司的市場年度回報率高於非債轉股公司。

6.3.2　相關矩陣分析

表 6.2 報告了變量之間的相關係數矩陣。Bank 與 ExbiTa 顯著負相關，表明債轉股公司的盈利能力較弱；與 MB 顯著正相關，表明債轉股公司的市場估值較高；與 Yrtd 不顯著相

表 6.2 相關係數表

Variable	Bank	Bshare	Einvt	ExbiTa	MB	Yrtd	SIZE	LEV	ROA	POE	Bigshare	Dual	LnDtop3
Bank													
Bshare	0.997***												
Einvt	0.062***	0.051***											
ExbiTa	−0.123***	−0.067***	0.052***										
MB	0.048***	0.051***	0.121***	0.126***									
Yrtd	0.009	0.009	0.093***	0.191***	0.403***								
SIZE	−0.046***	−0.051***	0.103***	0.177***	−0.377***	0.007							
LEV	0.108***	0.109***	0.042***	−0.392***	0.073***	−0.026***	0.189***						
ROA	−0.121***	−0.123***	0.051***	0.742***	0.189***	0.266***	0.068***	−0.325***					
POE	0.011	0.011	0.019**	0.020**	0.047***	−0.024**	−0.183***	0.065***	0.020**				
Bigshare	−0.171***	−0.175***	−0.014	0.142***	−0.032***	−0.010	0.169***	−0.150***	0.142***	−0.31***			
Dual	0.019*	0.016	0.002	0.007	0.061***	0.013	−0.086***	−0.016	0.007	0.103***	−0.059***		
LnDtop3	−0.083***	−0.084***	0.031***	0.263***	−0.122***	0.023**	0.396***	0.015	0.263***	0.077***	−0.091***	0.006	
Exeshare	0.010	0.008	−0.005	0.088***	0.054***	0.035***	−0.092***	−0.207***	0.088***	0.073***	−0.125***	0.066***	0.057***

註：***、**、*分別表示在1%、5%、10%的水準下顯著。

第二欄 LnDtop3 列：
	Bank	Bshare	Einvt	ExbiTa	MB	Yrtd	SIZE	LEV	ROA	POE	Bigshare	Dual
LnDtop3	−0.082***	−0.055***	0.029**	0.241***	−0.117***	0.091***	0.408***	−0.052***	0.211***	0.078***	−0.096***	0.008

(註：Dual 欄數值：0.019**, −0.007, 0.003, −0.017, 0.044***, 0.007, −0.091***, 0.014, −0.018*, 0.103***, −0.060***；Bigshare 欄：−0.169***, −0.068***, −0.011, 0.116***, −0.061***, −0.063***, 0.192***, −0.159***, 0.136***, −0.305***)

關。BShare 與 ExbiTa 顯著負相關，表明債轉股公司銀行股東持股比例越高，公司的盈利能力越弱；與 MB 顯著正相關，表明債轉股公司銀行股東持股比例越高，公司的市場估值越高；與 Yrtd 不顯著相關。Bank 與 Einvt 顯著正相關，說明債轉股公司的投資效率要高於非債轉股公司，這與第 3 章的檢驗結論一致。此外，其他變量間的關係也比較明顯和合理，如 Einvt 與 ExbiTa、MB 和 Yrtd 顯著正相關，表明投資效率越高的公司，盈利能力越強、市場估值越高和年度回報率越高。從中可以看到，主要解釋變量（Bank、Einvt）與其他控制變量之間的相關係數均不超過 0.2，而且以 VIF 進行的多重共線性檢驗也發現 VIF 值均不超過 5，表明多重共線性問題並不嚴重影響本書的研究結論。

6.4 迴歸結果

6.4.1 全樣本迴歸分析

表 6.3 報告了全樣本公司價值的迴歸結果。在以會計指標（營業利潤率）為基礎衡量的公司價值迴歸中，Bank 的迴歸系數為 -0.017，在 1% 的水準上顯著為負，表明債轉股公司的營業利潤率要低於非債轉股公司，平均而言，大約低了 1.7%；Einvt 的迴歸系數為 0.024，在 1% 水準上顯著為正，

表 6.3　全樣本企業市場價值的迴歸結果

	營業利潤率 (EXBI/TA)		市淨率 (MB)		年度回報率 (Yrtd)	
	迴歸系數	T值	迴歸系數	T值	迴歸系數	T值
Intercept	−0.392	−25.90***	39.883	37.6***	39.610	37.3***	0.412	3.16***	0.409	3.12***
Bank	−0.017	−3.46***	0.232	4.76***			0.018	1.71*		
Einvt	0.024	1.86*	1.668	5.26***			0.146	3.13***		
Bank*Einvt	0.011	2.06**	0.443	2.36**			0.024	1.72*		
Bshare	−0.051	1.68*			16.860	6.66***			0.595	1.92*
Bsharesq	0.045	0.89			−32.504	−5.89***			−1.288	−1.89*
SIZE	0.013	19.01	−1.844	−33.1***	−1.835	−33.0***	0.016	2.47**	0.017	2.50**
LEV	−0.174	−65.1***	10.781	39.1***	10.769	39.2***	0.037	1.95*	0.038	1.98**
ROA			9.607	14.5***	9.550	14.4***	1.168	18.35***	1.165	18.3***
POE	0.008	5.76***	0.101	0.91	0.116	1.05	−0.036	−2.61**	−0.036	−2.60***
Bigshare	0.050,0	12.83***	0.015	4.97***	0.016	5.29***	0.001	2.67***	0.001	2.71***
Dual	−0.002	−1.50	0.353	2.66***	0.372	2.80***	0.028	1.68*	0.029	1.73*
LnEtop3	0.011	17.33***	−0.236	−4.38***	−0.231	−4.31***	−0.089	−13.4***	−0.089	−13.4***
Exeshare	0.011	1.37	0.116	0.29	0.112	0.28	−0.077	−1.44	−0.078	−1.45
Adj-R2	0.391,0		0.473,3		0.473,1		0.646,3		0.646,3	
F	252.76		375.09		361.47		713.9		688.4	
N	10,810		10,961		10,961		10,535		10,535	

註：***，**，*分別表示在1%，5%，10%的水準下顯著。

表明投資效率越高的公司，營業利潤率越高，平均而言，高了2.4%。Bank 和 Einvt 的交互項的迴歸系數為 0.011，在5%水準上顯著，表明相對於非債轉股而言，債轉股公司的投資效率對公司營業利潤率的影響更大，平均而言，高出大約1.1%。這支持了研究假說2。Bank 和 Bank * Einvt 的線性約束檢驗在10%水準上顯著為負，表明在某一投資效率水準上，債轉股公司的營業利潤率要低於非債轉股公司，這與債轉股公司的盈利能力較弱相一致。BShare 的迴歸系數為-0.051，在10%水準上顯著；BSharesq 的迴歸系數為 0.045，不顯著，表明銀行股東持股比例與公司的營業利潤率呈現正U形關係，具體而言，即當銀行股東持股比例不超過56.67%時，債轉股公司的營業利潤率呈現下降趨勢，而超過56.67%時，營業利潤率呈現上升趨勢。由於56.67%為銀行股東持股比例樣本的極端值，表明整體上銀行股東的持股比例與公司的營業利潤率具有負向線性關係，即隨著銀行股東持股比例的上升，公司的營業利潤率將下降，這與銀行持股主要來自公司的債務重組的現狀相一致，因為債務重組公司的盈利能力較弱。此外，SIZE 的迴歸系數顯著為正，說明規模越大的公司，營業利潤率越高；LEV 的迴歸系數顯著為負，表明財務槓桿越高的公司，盈利能力越弱；POE 的迴歸系數顯著為正，表明非國有公司的營業利潤率要高於國有公司；Bigshare 的迴歸系數顯著為正，說明大股東持股比例越高，公司的盈利能力越強；Dual 的迴歸系數為負，說明兩職

合一的公司的盈利能力要低於非兩職合一的公司；LnEtop3的迴歸系數顯著為正，表明高管薪酬越高的公司，盈利能力越強；Exeshare 的迴歸系數為正，表明高管持股比例越高的公司，盈利能力越強。

  表 6.3 還報告了全樣本市場價值的迴歸結果。在以 MB 衡量公司市場價值的迴歸中，Bank 的迴歸系數顯著為正，表明債轉股公司的市場估值要高於非債轉股公司；Einvt 的迴歸系數顯著為正，表明投資效率越高的公司，市場估值越高；Bank * Einvt 的迴歸系數顯著為正，表明相對於非債轉股公司而言，債轉股公司的投資效率對公司市場估值的影響更大。在以 Yrtd 衡量公司市場價值的迴歸過程中，Bank 的迴歸系數為 0.018，在 10%水準上顯著，表明相對於非債轉公司而言，債轉股公司的年度回報率要高出 1.8%；Einvt 的迴歸系數為 0.146，在 1%水準上顯著，表明投資效率高的公司的年度回報率要高出投資效率較低的公司近 14.6%；Bank * Einvt 的迴歸系數為 0.024，在 10%水準上顯著，表明相對於非債轉股公司而言，債轉股公司的投資效率對公司年度回報率的影響更大，平均而言，要高出約 2.4%。此外，SIZE 在 MB 迴歸中顯著為負，在 Yrtd 迴歸中顯著為正，說明規模越大的公司，市淨率越低，與三因素模型的預測一致，但年度回報率越高；LEV 的迴歸系數顯著為正，說明充分利用財務槓桿的公司獲得了較高的市場估值和回報率；ROA 的迴歸系數顯著為正，說明盈利能力越強的公司市場估值越高，回報率也越

高；POE 在 Yrtd 迴歸中顯著為負，說明非國有公司的年度回報率要低於國有公司；Bigshare 的迴歸系數顯著為正，說明大股東持股比例越高的公司，公司的市場估值和年度回報率越高；Dual 的迴歸系數顯著為正，說明兩職合一公司的市場估值和年度回報率均要高於非兩職合一公司；LnETop3 的迴歸系數顯著為負，說明市場並不認可公司高管的薪酬機制，高管薪酬越高，公司的市場估值和年度回報率越低；Exeshare 的迴歸系數不顯著，說明高管持股與公司的市場價值並沒有顯著相關關係。

6.4.2 子樣本迴歸分析：基於銀行進入樣本

表 6.4 報告了銀行股東進入樣本公司價值的迴歸結果。在以會計指標（營業利潤率）為基礎衡量的公司價值迴歸中，Bank 的迴歸系數為 0.011，在 10% 的水準上顯著為正，表明債轉股後公司的營業利潤率要高於債轉股前，即債轉股提高了公司的營業利潤率，平均而言，大約高了 1.1%，這支持了研究假說 1；Einvt 的迴歸系數為 0.134，在 5% 水準上顯著為正；Bank * Einvt 的迴歸系數為 0.033，在 10% 水準上顯著，表明相對於債轉股前而言，債轉股後公司的投資效率對公司營業利潤率的影響更高，平均而言，高出大約 3.3%，這支持了研究假說 2。Bank 和 Bank * Einvt 的線性約束檢驗在 1% 水準上顯著為正，表明在某一投資效率水準上，債轉股後公司的營業利潤率要高於債轉股前。此外，SIZE 的迴歸

表 6.4 銀行進入樣本企業市場價值的迴歸結果

	營業利潤率 (EXBI/TA)			市淨率 (MB)			年度回報率 (Yrtd)		
	迴歸係數	T值		迴歸係數	T值		迴歸係數	T值	
Intercept	-0.352	-4.91***	55.152	9.00***	8.194	15.4***	8.114	15.2***	1.005	2.22**	1.298	2.82***
Bank	0.011	1.91*			0.221	1.79*			0.060	4.18***		
Einvt	0.134	2.03**			1.308	2.13**			0.129	0.73		
Bank * Einvt	0.033	1.84*			0.787	2.36**			0.083	1.71*		
Bshare			0.154	1.94*			0.808	1.89*			0.320	1.74*
Bsharesq			-0.147	-1.15			-1.656	-1.76*			-0.168	-0.20
SIZE	0.018	4.67***	0.016	4.31***	-0.343	-11.8***	-0.342	-11.8***	-0.008	-0.31	-0.024	-0.96
LEV	-0.167	-15.82***	-0.171	-17.16***	0.660	12.8***	0.652	12.7***	-0.013	-0.29	-0.026	-0.58
ROA	0.260	1.43			0.244	1.34			1.033	6.67***	1.057	6.77***
Bigshare	0.049	2.50**	0.058	3.00**	-0.005	-3.12***	-0.004	-2.50**	0.001	0.45	0.001	1.03
Dual	-0.136	-1.27	-0.066	-0.88	-0.058	-1.02	-0.050	-0.87	-0.033	-0.68	-0.026	-0.52
LnEtop3	0.005	1.75*	0.006	2.05**	0.024	0.98	0.026	1.07	-0.070	-3.41***	-0.073	-3.49***
Exeshare	13.31	1.35	6.14	1.03	-18.735	-0.39	-18.048	-0.38	21.537	0.54	19.563	0.48
Adj-R2	0.351,5		0.348,3		0.536,7		0.537,5		0.690,0		0.684,2	
F	18.11		17.42		40.74		39.39		75.89		71.22	
N	822		822		893		893		876		876	

註：***、**、* 分別表示在 1%、5%、10% 的水準下顯著。

6 債轉股與公司價值

系數顯著為正；LEV 的迴歸系數顯著為負；Bigshare 的迴歸系數顯著為正；LnEtop3 的迴歸系數顯著為正；Dual 和 Exeshare 的迴歸系數均不顯著。

表 6.4 還報告了銀行股東進入樣本公司價值的迴歸結果。在以 MB 衡量公司市場價值的迴歸中，Bank 的迴歸系數顯著為正，表明債轉股後公司的市場估值要高於債轉股前；Einvt 的迴歸系數顯著為正，表明投資效率越高的公司，市場估值越高；Bank * Einvt 的迴歸系數顯著為正，表明相對於債轉股前而言，債轉股後公司的投資效率對公司市場估值的影響更大。在以 Yrtd 衡量公司市場價值的迴歸過程中，Bank 的迴歸系數為 0.060，在 1% 水準上顯著，表明相對於債轉股前而言，債轉股後公司的年度回報率要高出 6.0%；Einvt 的迴歸系數為 0.129；Bank * Einvt 的迴歸系數為 0.083，在 10% 水準上顯著，表明相對於債轉股前而言，債轉股後公司的投資效率對公司年度回報率的影響更大。此外，ROA 的迴歸系數顯著為正，LnEtop3 顯著為負，SIZE、LEV、Bigshare、Dual 和 Exeshare 的迴歸系數均不顯著。

6.4.3　子樣本迴歸分析：基於銀行退出樣本

表 6.5 報告了銀行股東退出樣本公司價值的迴歸結果。在以會計指標（營業利潤率）為基礎衡量的公司價值迴歸中，Bank 的迴歸系數為 0.008，在 10% 的水準上顯著為正，表明銀行股東持有期間公司的營業利潤率要高於銀行股東退

表 6.5 銀行退出樣本企業市場價值的迴歸結果

	營業利潤率 (EXBI/TA)		市淨率 (MB)		年度回報率 (Yrtd)	
	迴歸系數	T值	迴歸系數	T值	迴歸系數	T值
Intercept	-0.426	-8.24***	72.520	16.2***	71.252	15.7***	1.458	3.60***	1.423	3.48***
Bank	0.008	1.65*	0.468	1.75*			0.134	3.60***		
Einvt	0.052	1.13	0.294	0.76			0.031	1.40		
Bank * Einvt	0.019	2.10**	0.529	1.92*			0.052	1.89*		
Bshare	0.028	1.24			18.872	1.67*			2.617	2.57**
Bsharesq	0.334	1.15			-35.066	-0.65			-7.465	-1.53
SIZE	0.018	6.76***	-3.353	-14.1***	-3.323	-13.9***	-0.024	-1.16	-0.023	-1.07
LEV	-0.157	-16.86***	14.741	12.6***	14.627	12.5***	-0.180	-3.16***	-0.189	-3.28***
ROA			11.097	4.89***	11.084	4.89***	0.787	4.70***	0.783	4.66***
Bigshare	0.071	4.22**	0.018	1.25	0.025	1.68*	0.002	1.72*	0.003	2.22**
Dual	-0.010	-1.63	0.655	1.17	0.799	1.43	-0.006	-0.12	0.019	0.37
LnEtop3	0.010	3.95***	-0.374	-1.56	-0.351	-1.47	-0.094	-4.47***	-0.095	-4.53***
Exeshare	0.143	0.73	-9.996	-0.57	-9.111	-0.52	-1.242	-0.77	-1.063	-0.66
Adj-R2	0.348,6		0.368,5		0.370,0		0.657,6		0.655,7	
F	24.41		25.15		24.4		84.6		80.86	
N	1,077		1,077		1,077		1,133		1,133	

註：***、**、*分別表示在1%, 5%, 10%的水準下顯著。

出後，即債轉股提高了公司的營業利潤率，這與研究假說 1 也相一致；Einvt 的迴歸係數為 0.052，不顯著；Bank * Einvt 的迴歸係數為 0.019，在 5% 水準上顯著，表明相對於銀行股東退出後而言，銀行股東持有期間公司的投資效率對公司營業利潤率的影響更高，這與研究假說 2 一致。Bank 和 Bank * Einvt 的線性約束檢驗在 1% 水準上顯著為正，表明在某一投資效率水準上，銀行股東持有期間公司的營業利潤率要高於銀行股東退出後。此外，SIZE 的迴歸係數顯著為正；LEV 的迴歸係數顯著為負；Bigshare 的迴歸係數顯著為正；LnEtop3 的迴歸係數顯著為正；Dual 和 Exeshare 的迴歸係數均不顯著。

表 6.5 還報告了銀行股東退出樣本公司價值的迴歸結果。在以 MB 衡量公司市場價值的迴歸中，Bank 的迴歸係數顯著為正，表明銀行股東退出後公司的市場估值要低於銀行股東持有期間；Einvt 的迴歸係數為正，但不顯著；Bank * Einvt 的迴歸係數顯著為正，表明相對於銀行股東退出後而言，銀行股東持有期間公司的投資效率對公司市場估值的影響更大。在以 Yrtd 衡量公司市場價值的迴歸過程中，Bank 的迴歸係數顯著正，表明相對於銀行股東退出後而言，銀行股東持有期間公司的年度回報率更高；Einvt 的迴歸係數不顯著為正；Bank * Einvt 的迴歸係數顯著為正，表明相對於銀行股東退出後而言，銀行股東持有期間公司的投資效率對公司年度回報率的影響更大。此外，LEV 的迴歸係數顯著為負，ROA 的迴

歸系數顯著為正，LnEtop3 的迴歸系數顯著為負，SIZE、Bigshare、Dual 和 Exeshare 的迴歸系數均不顯著。

6.4.4 穩健性檢驗

為了檢驗上述迴歸結果的穩健性，本書還做了如下穩健性測試：①對衡量公司價值的指標進行了年度/行業中位數調整，即按年度、行業減去行業中位數；②重新定義銀行持股為除直接持有公司股份外，銀行還直接派出其員工到持股公司擔任董事或監事職位。重複上述迴歸模型後發現迴歸結果沒有發生重大變化。

6.5　實證結論與政策建議

本節研究了債轉股的公司價值效應，即債轉股是否提高了公司的盈利能力，是否提高了市場投資者對企業價值的評估，是否使投資者獲得了更高的投資回報。研究發現，雖然相對於非債轉股企業而言，債轉股企業的盈利能力顯著地弱，但債轉股公司卻獲得了較高的市場估值，而且投資者也獲得了較高的投資回報；當然，債轉股之後，公司的盈利能力也得到了提高；不僅如此，債轉股公司的投資效率對公司價值的正向影響大於非債轉股公司。研究結果表明，債轉股提高了公司的價值，其重要原因在於債轉股改善了公司的投資效

率，並為市場投資者所觀察到。

　　本節研究具有如下政策啟示作用：①債轉股作為中國國有企業改制的重大配套措施，引入銀行這一企業最大的資金供應主體進入國有企業股權結構，可以形成銀行與其他企業所有者之間的競爭與流動，產生便於所有者瞭解企業經營狀況的基本信息，進而通過改善公司治理以提高企業價值。②通過改善股權結構構建更好的對外部投資者（債權投資者和中小股東投資者）的保護機制能夠提高企業的市場價值。

7 研究成果與研究局限

7.1 結論

本書以 1999—2008 年中國滬深 A 股上市公司為觀察樣本，從理論和經驗上系統研究了債轉股對公司治理的效應，主要研究發現概括如下：

（1）債轉股企業過度投資和投資不足的程度均要低於非債轉股企業，即債轉股企業的投資效率要高於非債轉股企業。結果表明，債轉股有利於緩和股東與債權人之間的利益衝突，從而提高投資行為的理性決策能力。

（2）債轉股企業更多依賴銀行債務融資，且債務融資與投資效率的敏感度高於非債轉股企業；同時，債轉股企業債務融資對投資效率的約束作用大於非債轉股企業。結果表明，雖然債轉股企業獲得了更多的債務融資，包括在中央銀行實

施緊縮性貨幣政策時，但並不表明銀行股東對債轉股公司的貸款是預算軟約束的表現；相反，債轉股公司的債務融資在約束非效率投資行為方面體現了更高的約束作用，即債轉股改善了債務融資與投資行為之間的關係。

（3）債轉股企業的高管薪酬業績敏感性較高，表明債權轉股權有助於債權對公司高管的激勵效應。

（4）債轉股之後公司盈利能力得到了提高，且獲得了較高的市場估值，市場投資者也獲得了較高的投資回報率；債轉股企業的投資效率對公司價值的正向影響大於非債轉股企業。結果表明，債轉股提高了公司的價值創造能力，且給投資者帶來了較高的市場回報率。

綜合上述發現，我們可以將本書的基本研究結論總結為：

由於股權結構的改善和代理成本的降低，相比於非債轉股企業，債轉股企業的投資效率和債務融資與投資效率的敏感度較高，且債務融資對投資效率的影響較大；同時債轉股提高了公司高管的薪酬業績敏感度，改善了盈利能力並提高了投資者的市場回報率，提高了企業價值。

7.2 研究創新與研究局限

首先，本書是基於中國國有企業改制背景的一項關於上市公司債轉股的經濟後果的實證研究。債轉股作為中國國有

企業改制的重大配套措施，其改制及其改制之後的經濟後果受到政府各部門和金融機構的關注，同時，債轉股還實現了中國商業銀行對非金融企業直接持股的法律認可，反應了銀行與企業關係的重大變化，但國內卻極少有文獻對此進行系統的理論分析和實證檢驗。本書運用經驗研究的方法，以投資效率、融資效率、高管薪酬業績敏感度和公司價值等來衡量公司治理效應，基於大樣本數據檢驗了債轉股對公司治理的推動作用。因此，本書是從微觀層面對轉型經濟中國有企業改制效果的一個檢驗，同時也是國有企業改制對銀企關係改進效果的一個檢驗。

其次，大多數學術著作直接研究債轉股與公司財務績效的相關關係，以公司財務業績來評價債轉股的經濟效應，而沒有深入挖掘債轉股對公司經營績效變化的具體驅動因素。與他們不同，本書採用了「經濟制度—經濟行為—經濟後果」的分析模式，分析了債轉股對企業投資行為、融資決策和高管激勵的影響，進而分析了在此基礎上對企業價值的影響。這種分析思路使得研究結論更加具體，因而也更具說服力。

再次，股權制衡和債務治理的已有研究文獻主要基於截面數據或混合數據，這使得研究結論既可能受到其他事件的干擾，也可能存在較強的內生性問題，而本書借助了債轉股這一事件，研究了股權結構平衡下的股權分散對公司治理的邊際效應，也研究了債轉股提高債權人參與公司治理所發揮

的債務治理作用，因而研究結論更具說服力。

最後，債轉股還反應了中國商業銀行與企業之間關係的重大變化。中國銀行法規禁止銀行持有企業股權，1986年的《銀行管理條例》、1995年的《貸款通則》和《商業銀行法》均明確規定商業銀行不得投資非自用不動產、非銀行金融機構和企業。這與同樣是以間接融資為主導的日本和德國完全不同，如日本1942年及1997年《銀行法》允許商業銀行持有非金融企業股份，持股比例不能違反《關於禁止私營壟斷及確保公平交易的法律》。德國1961年《銀行法》允許銀行持有任何比例的公司股份。債轉股實踐打開了中國銀行直接持有企業股權的法律通道，這對於銀行與企業之間的關係來說是一個重大的突破。然而，就中國目前的研究文獻來說，研究銀行持股對銀企關係以及對債務融資的影響的文獻非常少，大部分局限於介紹日本和德國的情況，以及以規範式的評論方式對銀行持股的作用進行判斷，沒有以中國特殊背景和金融結構為基礎的命題推導和以實踐數據為基礎的經驗檢驗。本書以債轉股為背景，考察了銀行持有企業股權對信貸資源配置的影響，同時也可為中國商業銀行的混業經營的改革提供初步的經驗證據。因此，本書的研究視角比較新穎。

本書基於債轉股研究了國有企業改制的公司治理效應，以及銀行直接持有企業股權所引發的銀企關係變更對信貸資源配置的影響，具有一定的創新價值，然而，本書研究存在的局限性也是不言而喻的。筆者認為，本書至少存在以下

不足：

　　首先，銀行持股的來源與動機的不確定性使本書的研究結論在應用時需要謹慎。資產管理公司一方面獨立於相關銀行，另一方面又與相關銀行有密切關係，對同一公司而言，銀行自己持股和與此銀行密切相關的資產管理公司持股、銀行持股動機的不同等，都將對銀行和公司的融資決策及效率產生程度不同的影響，但由於目前無法獲得此類更詳盡的信息，因此進一步的研究有待時日。其次，儘管在理論分析中我們說明了銀行持股對非持股銀行信貸決策的影響，但由於公司並沒有明細披露其借款來自哪家銀行，故我們無法區分銀行持股與公司銀行借款的一一對應關係，使本書關於銀企股權關係對公司債務融資和信貸配置影響的結論存在一定的局限性，如公司向非持股銀行大量借款，則本書的結論不能充分說明銀行持股提高了持股銀行的信貸配置效率。今後的研究應改進這一數據缺陷，進而完善研究結論。

參考文獻

［1］北京大學中國經濟研究中心宏觀組.債轉股：走在信用經濟與「賴帳經濟」的十字路口［J］.國際經濟評論，1999（9）：26-28.

［2］周小川.關於債轉股的幾個問題［J］.經濟社會體制比較，1996（6）：1-9.

［3］莊乾志.債轉股：功能缺陷與制度依賴［J］.財經問題研究，2000（1）：49-54.

［4］丁少敏.國有企業債轉股問題研究［J］.中國工業經濟，2003（8）：5-14.

［5］JENSEN M C, MECKLING W H. Theory of the firm: managerial behavior, agency costs and ownership structure［J］. Journal of financial economics, 1976（4）：305-360.

［6］MYERS S. Determinants of corporate borrowing［J］. Journal of financial economics, 1977（5）：147-176.

[7] SMITH C J, WARNER J B. On financial contracting: an analysis of bond covenants [J]. Journal of financial economics, 1979 (7): 117-161.

[8] 伍利娜, 陸正飛. 企業投資行為與融資結構的關系——基於一項實驗研究的發現 [J]. 管理世界, 2005, 4: 99-105.

[9] 童盼, 陸正飛. 負債融資、負債來源與企業投資行為——來自中國上市公司的經驗證據 [J]. 經濟研究, 2005, 5: 75-85.

[10] JENSEN M C. Agency costs of free cash flow, corporate finance, and takeovers [J]. American economic review, 1986, 3: 323-329.

[11] GROSSMAN S J, HART O D. The costs and benefits of ownership: a theory of vertical and lateral integration [J]. Journal of political economy, 1986, 4: 691-719.

[12] AGHION P, BOLTON P. An incomplete contracts approach to financial contracting [J]. Review of economic studies, 1992, 59 (3): 473-494.

[13] DEMSETZ H, LEHN K. The structure of corporate ownership: causes and consequences [J]. Journal of political economy, 1985, 93: 1155-1177.

[14] HOLMSTROM B, TIROLE J. market liquidity and performance monitoring [J]. Journal of political economy,

1993, 101 (4): 678-709.

[15] SUBRAHMANYAM A, TITMAN S. The going-public decision and the development of financial markets [J]. Journal of finance, 1999, 54 (3): 1045-1082.

[16] MODIGLIANI F, MILLER M. The cost of capital, corporation finance and the theory of investment [J]. American economic review, 1958, 8: 261-297.

[17] MYERS S C, MAJLUF N S. Corporate financing and investment decisions when firms have information that investors do not have [J]. Journal of financial economics, 1984, 13: 187-221.

[18] HARRISA M, RAVIV A. Corporate governance: voting rights and majority rules [J]. Journal of Financial Economics, 1988, 20: 203-235.

[19] STULZ R M. Managerial discretion and optimal financing policies [J]. Journal of financial Economics, 1990, 26 (1): 3-27.

[20] IRWIN FRIEND, LARRY H P LANG. An empirical test of the impact of managerial self-interest on corporate capital structure [J]. The journal of finance, 1988, 43: 271-281.

[21] 呂長江, 王克敏. 上市公司資本結構、股利分配及管理股權比例相互作用機制研究 [J]. 會計研究, 2002 (3): 39-48.

[22] 李義超. 中國上市公司融資結構實證分析 [J]. 數量經濟技術經濟研究, 2003 (6): 147-150.

[23] 肖作平. 資本結構影響因素和雙向效應動態模型 [J]. 會計研究, 2004 (2): 36-41.

[24] 馮根福, 馬亞軍. 上市公司高管人員自利對資本結構影響的實證分析 [J]. 財貿經濟, 2004 (6): 16-22.

[25] GEORGE P BAKER, MICHAEL C JENSEN, KEVIN J MURPHY. Compensation and incentives: practice vs. theory [J]. The journal of finance, 1988 (43): 593-616.

[26] EUGENE F FAMA, MICHAEL C JENSEN. Agency problems and residual claims [J]. Journal of law and economics, 1983 (26): 327-349.

[27] MURPHY KEVIN. Corporate performance and managerial remuneration: an empirical analysis [J]. Journal of accounting and economics, 1985 (7): 11-42.

[28] ROSEN SHERWIN. Authority, control, and the distribution of earnings [J]. Bell Journal of Economics, 1992 (13): 311-323.

[29] BRIAN J HALL, JEFFREY B LIEBMAN. Are CEOS really paid like bureaucrats [J]. Quarterly journal of economics, 1998 (113): 653-691.

[30] BEBCHUK L, FRIED J. Pay without performance: the unfulfilled promise of executive compensation [M]. Cam-

bridge MA: Harvard University Press, 2004: 35-40.

[31] 李增泉. 激勵機制與企業績效 [J]. 會計研究, 2000 (1): 24-30.

[32] 周業安. 經理報酬與企業績效關係的經濟學分析 [J]. 中國工業經濟, 2000 (5): 60-65.

[33] 劉斌, 等. CEO 薪酬與企業業績互動效應的實證檢驗 [J]. 會計研究, 2003 (3): 35-39.

[34] 李琦. 上市公司高級經理人薪酬影響因素分析 [J]. 經濟科學, 2003 (6): 113-127.

[35] 杜興強, 王麗華. 高層管理當局薪酬與上市公司業績的相關性實證研究 [J]. 會計研究, 2007 (1): 58-65.

[36] 權小鋒, 吳世農, 文芳. 管理層權力、私有收益與薪酬操縱 [J]. 經濟研究, 2010 (11): 73-87.

[37] 周天勇. 債轉股的流程機理與運行風險 [J]. 經濟研究, 2000 (1): 22-30.

[38] 吳有昌, 趙曉. 債轉股: 基於企業治理結構的理論與政策分析 [J]. 經濟研究, 2000 (2): 26-35.

[39] 龍正平. 試論債轉股的逆向選擇和道德風險 [J]. 福建論壇 (經濟社會版), 2000 (3): 25-26.

[40] 江曙霞, 郭曄. 債轉股的風險與時機分析——為當前債轉股設計最優機制安排 [J]. 金融研究, 2000 (5): 108-112.

[41] 蒲勇健, 彭小兵. 國有企業債轉股運作: 一個博弈

觀點［J］.重慶大學學報（自然科學版），2002（5）：55-58.

［42］彭小兵，蒲勇健，王惠凌，等.國有企業債轉股中的一個委託代理分析框架［J］.重慶大學學報（自然科學版），2003（8）：135-138.

［43］羅琦.日本企業的股權特徵與現金持有量［J］.中大管理研究，2006（2）：135-149.

［44］羅琦，郁斌.銀企關係與代理衝突：基於日本上市企業現金持有量的經驗證據［J］.預測，2007（5）：48-55.

［45］王善平，李志軍.銀行持股、投資效率與公司債務融資［J］.金融研究，2011（5）：184-193.

［46］ROBERT. International corporate governance［M］. NY: Prentice Hall, 1994: 2.

［47］MONKS, MINOW. Corporate governance［M］. Oxford: Blackwell Publishing, 1995: 5.

［48］OECD.公司治理原則［M］.北京：中國財政經濟出版社，2005：11.

［49］OLIVER E. Williamson. Comparative economic organization: the analysis of Discrete Structural Alternatives［J］. Administrative Science Quarterly, 1991（36）: 269-296.

［50］亞當·斯密.國民財富的性質和原因的研究［M］.北京：商務印書館，1974：303.

［51］伯利，米恩斯.現代公司與私有財產［M］.北京：

商務印書館,2005:97-98.

[52] STIJN CLAESSENS, SIMEON DJANKOV, LARRY H P LANG. The separation of ownership and control in east asian corporations [J]. Journal of financial economics, 2000 (58): 81-112.

[53] MARA FACCIO, LARRY H P LANG, LESLIE YOUNG. Dividends and expropriation [J]. The american economic review, 2001 (91): 54-78.

[54] SHLEIFER ANDREI, VISHNY ROBERT W. The efficiency of investment in the presence of aggregate demand spillovers [J]. Journal of political economy, 1988, 96 (6): 1,221-1,231.

[55] NOE THOMAS HAND REBELLO, MICHAEL J RENEGOTIATION. Investment horizons, and managerial discretion [J]. Journal of business, 1997, 70 (3): 385-407.

[56] NARAYANAN M P. Managerial incentives for short-term results [J]. Journal of finance, 1985, 40 (5): 1,469-1,484.

[57] MYERS STEWART C. The capital structure puzzle [J]. Journal of finance, 1984, 39 (3): 575-592.

[58] MYERS STEWART C, NICHOLAS MAJLUF. Coporate financing and investment decisions when firms have information that investors do not have [J]. Journal of financial econom-

ics, 1984 (13): 187-221.

[59] Narayanan M P. Debt versus equity under asymmetric information [J]. Journal of financial and quantitative analysis, 1988, 23 (1): 39-51.

[60] HEINKEL ROBERT, JOSEF ZECHNER. The role of debt and preferred stock solution to adverse Investment incentives [J]. Journal of financial and quantitative analysis, 1990 (25): 1-24.

[61] FAZZARI S M, HUBBARD R G, PETERSON B C. Financing constraints and corporate investment [J]. Brookings papers on economic activity, 1988 (23): 73-113.

[62] MARK T LEARY, MICHAEL R ROBERTS. Do firms rebalance their capital structures? [J]. The journal of finance, 2005 (60): 2575-2619.

[63] LAZEAR, EDWARD P, ROSEN, SHERWIN. Rank-order tournaments as optimum labor contracts [J]. Journal of politics economics, 1981 (89): 841-864.

[64] ANDERSON R, MANSI S, REEB D. Founding family ownership and the agency costs of debt [J]. Journal of Financial Economics, 2003 (68): 263-287.

[65] BATES T W. Asset sales, investment opportunities and the use of proceeds [J]. Journal of finance, 2005 (1): 105-135.

[66] 李辰, 張翼. 現金流與資本投資 [J]. 經濟學（季刊）, 2005 (1): 229-246.

[67] BERTRAND M, MULLAINATHAN S. Enjoying the quiet life? corporate governance and managerial preferences [J]. Journal of political economy, 2003 (5): 1043-1075.

[68] AGGARWAL R, SAMWICK A. Empire-builders and shirkers: investment, firm performance, and managerial incentives [J]. Journal of corporate finance, 2006 (12): 489-515.

[69] RICHARDSON S. Over-investment of free cash flow [J]. Review of accounting studies, 2006 (11): 159-189.

[70] 楊華軍, 胡奕明. 制度環境與自由現金流的過度投資 [J]. 管理世界, 2007 (9): 99-106.

[71] 魏明海, 柳建華. 國企分紅、治理因素與過度投資 [J]. 管理世界, 2007 (4): 88-95.

[72] SHLEIFER A, VISHNY R W. Politicians and firms [J]. The quarterly journal of economics, 1994 (4): 995-1,025.

[73] HADLOCK C J. Ownership, liquidity, and investment [J]. Journal of finance and economics, 1998 (3): 487-508.

[74] PAULA L RECHNER, DAN R DALTON. CEO duality and organizational performance: a longitudinal analysis [J]. Strategic management journal, 1991 (12): 155-160.

[75] 吳淑琨, 柏杰, 席酉民. 董事長與總經理兩職的分

離與合一 [J]. 經濟研究, 1998 (8): 21-28.

[76] 辛清泉, 林斌, 王彥超. 政府控制、經理薪酬與資本投資 [J]. 經濟研究, 2007 (8): 110-122.

[77] DAVIS L E, HUTTENBACK R A. The political economy of british imperialism: measures of benefits and support [J]. The journal of economic history, 1982 (1): 119-130.

[78] 葉康濤, 陸正飛, 張志華. 獨立董事能否抑制大股東的掏空? [J]. 經濟研究, 2007 (4): 101-111.

[79] VOGT S T. The cash flow/investment relationship: evidence from U.S. manufacturing firms [J]. Financial management, 1994 (23): 3-20.

[80] CONYON M J, MURPHY K J. The prince and the pauper? Ceo pay in the U.S and the U.K. [J]. The economic journal, 2000 (10): 640-671.

[81] 伍德里奇. 計量經濟學導論: 現代觀點 [M]. 3版. 北京: 中國人民大學出版社, 2008: 91.

[82] DEWARTRIPONT M, TIROLE J. A Theory of debt and equity: diversity of securities and manager-shareholder congruence [J]. The quarterly journal of economics, 1994 (4): 1,027-1,054.

[83] BERGLOF E, ROLAND G. Soft budget constraints and banking in transition [J]. Journal of comparative economics, 1998 (1): 18-40.

[84] MA PETERSEN, RG RAJAN. Trade credit: theories and evidence [J]. Review of financial studies, 1997 (10): 661-691.

[85] B BIAISZ, C GOLLIER. Trade credit and credit rationing [J]. Review of financial studies, 1997 (10): 903-937.

[86] DANIELA FABBRIA, ANNA MARIA C MENICHINI. Trade credit, collateral liquidation, and borrowing constraints [J]. Journal of financial economics, 2010 (96): 413-432.

[87] 林毅夫, 李志贇. 政策性負擔、道德風險與軟預算約束 [J]. 經濟研究, 2004 (2): 17-27.

[88] 田利輝. 槓桿治理、預算軟約束和中國上市公司績效 [J]. 經濟學 (季刊), 2004 (10): 15-26.

[89] NETER J, WILLIAM W, KUTNER M H. Applied linear statistical models: regression, analysis of variance, and experimental designs [J]. Homewood: R. D. irwin, 1985: 169.

[90] TATIKONDA M V, ROSENTHAL S R. Successful execution of product development projects: balancing firmness and flexibility in the innovation process [J]. Journal of operations management, 2000 (18): 401-425.

[91] SHYAM-SUNDER, MYERS S C. Testing static trade-off against pecking order models of capital structure [J]. Journal of financial economics, 1999 (2): 219-244.

［92］FRANK M Z, GOYAL V K. Testing the pecking order theory of capital structure［J］. Journal of financial economics, 2003（2）: 217-248.

［93］肖澤忠, 鄒宏. 中國上市公司資本結構的影響因素和股權融資偏好［J］. 經濟研究, 2008（8）: 119-134.

［94］HARRIS M, RAVIV. The theory of capital structure［J］. Journal of finance, 1991（1）: 297-355.

［95］RAJAN R, ZINGALES L. What do we know about capital structure? Some evidence from international data［J］. Journal of finance, 1995（5）: 1421-1460.

［96］SMITH C W, WATTS R. The investment opportunity set and corporate financing, dividend and compensation policies［J］. Journal of financial economics, 1992（3）: 263-292.

［97］樊綱. 克服信貸萎縮與銀行體系改革［J］. 經濟研究, 1999（1）: 5-10.

［98］BRADLEY M, JARRELL G A, KIM E H. On the existence of an optimal capital structure: theory and evidence［J］. Journal of finance, 1984（3）: 857-878.

［99］BOOTH L, AIVAZIAN V, DEMIRGUC-KUNT A. Capital structures in developing countries［J］. Journal of finance, 2001（1）: 87-130.

［100］FAMA E F, FRENCH K R. Testing trade-off and pecking order predictions about dividends and debt［J］. Review of financial studies, 2002 (1): 1-33.

[101] BENGT HÖLMSTROM. Moral hazard and observability [J]. The bell journal of economics, 1979, 10: 74-91.

[102] MICHAEL C JENSEN, KEVIN J MURPHY. Performance pay and top-management incentives [J]. Journal of political economy, 1990 (98): 225-264.

[103] RONALD W. Masulis. The impact of capital structure change on firm value: some estimates [J]. The journal of finance, 1983 (38): 107-126.

[104] ELAZAR BERKOVITCH, RONEN ISRAEL, YOSSEF SPIEGE. Managerial compensation and capital structure [J]. Journal of economics & management strategy, 2000 (9): 549-584.

[105] SATISH K JAIN, RAJENDRA P KUNDU. Characterization of efficient simple liability rules with multiple tortfeasors [J]. International review of law and economics, 2006 (26): 410-427.

[106] 方軍雄. 中國上市公司高管的薪酬存在粘性嗎 [J]. 經濟研究, 2009 (3): 110-124.

[107] BOOT A W A. Relationship banking: what do we know [J]. Jounral of financial intermediation. 2000: 7-25.

[108] BRAU J C. Do Banks price owner-manager agency costs? An examination of small business borrowing [J]. Journal

of small business management, 2002, 40 (4): 273-286.

[109] JENSEN M C, MECKLING W H. Theory of the firm: managerial behavior, agency cost and ownership structure [J]. Jounral of financial economics, 1976 (10): 305-360.

[110] JEREMY BERKOEITZHE, MICHELLE J WITE. Bankruptey and small firms access to credit [J]. Rand journal of economics, 2004 (1): 90-100.

[111] MODIGLIANI FRANCO, MILLER MERTON H. The cost of capital corporation finance and the theory of investment [J]. American economic review, 1958, 48 (6): 261-297.

[112] MYERS S C. The capital structure puzzle [J]. Journal of finance, 1984, 34 (3): 575-592.

[113] MYERS S C, MAJLUF N S. Corporate financing and investment decisions when firms have information that investors do not have [J]. Journal off financial economics, 1984(6): 87-221.

[114] NASIEROWSKI W, ARCELUS F J. On the Efficiency of national innovation systems [J]. Sociol-economic planning sciences, 2003 (3).

[115] SCHIMDT-MOLE U. Rationing versus collateralization in competitive and monopolistic credit markets with asymmetric information [J]. European economic review, 1997, 41: 1,321-1,342.

[116] 2003年2月19日國家經濟貿易委員會、國家發

展計劃委員會、財政部、國家統計局國經貿中小企〔2003〕143號發布.

[117] 白欽先,薛譽華.各國中小企業政策性金融體系比較[M].北京:中國金融出版社,2001:60-95.

[118] 陳曉紅.論中小企業融資與管理[M].長沙:湖南人民出版社,2003:20-54.

[119] 都斌,劉曼路.民間金融與中小企業的發展[J].經濟研究,2002(10).

[120] 馮聰.生命週期、預期利潤與中小企業融資困境[J].財貿研究,2003(2).

[121] 國家計委經濟政策協調司赴江、浙調研組.江、浙中小企業融資與金融機構發展調查報告[J].經濟研究參考,2002(86):2-17.

[122] 付明明.關係型融資效率研究[D].杭州:浙江大學,2005.

[123] 高友才.企業融資效率研究[D].武漢:武漢大學,2003.

[124] 何廣文.德國金融制度研究[M].北京:中國勞動與社會保障出版社,2000:119-231.

[125] 侯杰泰.結構方程模型及其應用[M].北京:教育科學出版社,2004:55-123.

[126] 胡炳志,等.中國金融制度重構研究[M].北京:人民出版社,2003:42-67.

[127] 胡明銘. 區域創新系統評價及發展模式與政策研究 [J]. 長沙：中南大學，2006.

[128] 姜長雲. 鄉鎮企業資金來源與融資結構的動態變化 [J]. 調研世界，2000.

[129] 姜長雲. 鄉鎮企業融資問題新探 [M]. 太原：山西經濟出版社，2001：23-78.

[130] 林漢川. 中國中小企業發展機制研究 [M]. 北京：商務印書館，2003：31-57.

[131] 李奎. 中國中小企業融資方式選擇研究 [D]. 長沙：中南大學，2006.

[132] 李偉. 中小企業發展與金融支持研究 [M]. 北京：中國經濟出版社，2004：26-87.

[133] 李志軍. 信用違約互換在國內中小企業貸款中的應用 [J]. 會計之友，2010（1）.

[134] 李志軍，陳鋼. 解決長株潭中小企業融資難題應多方入手 [J]. 財務與會計，2009（10）.

[135] 李志軍，付琛. 談套期保值在中小企業防範存貨風險中的應用 [J]. 會計之友，2009（7）.

[136] 李志軍，王濤. 金融危機下有色金屬低成本管理探析 [J]. 財務與會計，2010（3）.

[137] 李志讚. 銀行結構與中小企業融資 [J]. 經濟研究，2002（6）.

[138] 馬巾英，李志軍. 金穗準貸記卡在小額度融資中

的應用 [J]. 會計之友, 2010 (2).

[139] 斯蒂格里茲. 政府經濟學 [M]. 曾強, 何志雄, 譯. 北京：春秋出版社, 1988：56-125.

[140] 蘇存. 微觀金融論輯 [M]. 北京：中國金融出版社, 2004：42-77.

[141] 譚小芳. 郵政儲蓄銀行的市場定位探討 [J]. 遼寧經濟, 2005. 12.

[142] 童適平. 戰後日本金融體制及其變革 [M]. 上海：上海財經大學出版社, 1998：79-174.

[143] 青木昌彥. 比較制度分析 [M]. 周黎安, 譯. 上海：上海遠東出版社, 2001：90-145.

[144] 全麗萍. 非對稱信息下中小企業融資問題研究 [J]. 管理世界, 2002 (6).

[145] 王朝弟. 中小企業融資問題與金融支持的幾點思考 [J]. 金融研究, 2003 (1).

[146] 威康·伯德. 企業家、資本和所有制 [M] // 林青松, 威康柏德. 中國農村工業：結構·發展與改革. 北京：經濟科學出版社, 1989.

[147] 王明華. 企業融資效率·融資制度·銀行危機 [M]. 北京：中國經濟出版社, 2000：43-123.

[148] 王小霞. 基於信息不對稱的中小企業融資制度選擇 [J]. 理論導刊, 2005 (4).

[149] 王宣喻, 儲小平. 資本市場層級結構與信息不對

稱下的私營企業融資 [J]. 財經科學, 2002 (3).

[150] 王宣喻, 儲小平. 信息披露機制對私營企業融資決策的影響 [J]. 經濟研究, 2002 (10).

[151] 謝啓標. 破解中國中小企業融資瓶頸問題的對策探討 [J]. 金融論壇, 2005.9.

[152] 謝千里 (Jefferson). 中國工業改革: 創新、競爭與產權內在模型 [M] //林青松, 杜鷹. 中國工業改革與效率——國有企業與非國有企業比較研究 [M]. 昆明: 雲南人民出版社, 1997.

[153] 楊慶育. 企業債券融資理論與發展研究 [M]. 重慶: 重慶大學出版社, 2004: 11-12.

[154] 楊咸月. 金融深化理論發展及其微觀基礎研究 [M]. 北京: 中國金融出版社, 2002: 13-57.

[155] 楊小凱, 張永生. 新興古典經濟學和超邊際分析 [M]. 北京: 中國人民大學出版社, 2002: 55-72.

[156] 袁欣, 邵子瑄. 發展中國家企業內源融資與外源融資的比較分析 [J]. 特區經濟, 2005 (1).

[157] 張杰. 中國金融制度的結構與變遷 [M]. 太原: 山西經濟出版社, 1998: 21-32.

[158] 張杰. 民營經濟的金融困境與融資次序 [J]. 經濟研究, 2000 (5).

[159] 張蓉. 體制轉軌時期中小企業融資——理論分析與對策 [D]. 北京: 中共中央黨校, 2004.

［160］鄭文博. 論中小企業效率［D］. 北京：中共中央黨校，2004.

［161］鄒湘娟. 中小企業融資效率評價模型研究［D］. 長沙：中南大學，2006.

［162］左臣明. 中小企業融資的現狀、問題與對策［J］. 鄉村企業研究，2003（2）.

［163］中國人民銀行統計司. 中國金融統計：1952—1991［M］. 北京：中國金融出版社，1988.

［164］中國人民銀行統計司. 中國金融統計：1997—1999［M］. 北京：中國金融出版社，2000.

［165］中國金融年鑒1998—2007［M］. 中國統計年鑒，1978—2007.

［166］張小建. 大力推進校企合作 加速培養高技能人才 開創職業培訓新局面［J］. 中國職業技術教育，2007（4）.

［167］周建松. 主動作為 培養高素質技能型農村金融人才［J］. 中國高等教育，2011（19）.

［168］王文槿. 校企合作的企業調查. 教育部職教所職教研究動態［G］. 2008，（11）.

［169］王健. 區域職業教育發展戰略［M］. 北京：教育科學出版社，2007.

［170］LAZARIDIS, TRYOFONIDIS. Relationship between working capital management and profitability of listed companies in the athens stock exchange［J］. Journal of financial management and analysis, 2006 (19): 26-35.

[171] TALAT AFZA, MIAN SAJID NAZIR. Working capital approaches and firm's returns in Pakistan [J]. Pakistan journal of commerce and social science, 2008 (1): 25-36.

[172] 毛付根. 論營運資金管理的基本原理 [J]. 會計研究, 1995 (1): 32-36.

[173] 王竹泉, 劉文静, 王興河. 中國上市公司營運資金管理調查: 2007—2008 [J]. 會計研究, 2009 (9): 51-59.

[174] 張拓. 營運資金管理績效對盈利能力的影響: 基於渠道理論的實證研究 [D]. 烏魯木齊: 新疆財經大學, 2011.

[175] 紀同臻. 營運資金管理政策與企業競爭力、企業營業績效相關性研究 [D]. 青島: 中國海洋大學, 2012.

[176] 王金利. 營運資金管理與公司績效 [D]. 南昌: 南昌大學, 2012.

[177] 趙豔偉. 營運資金管理對企業盈利能力影響的研究 [D]. 天津: 天津財經大學, 2013.

[178] 王竹泉, 孫瑩, 王秀華, 等. 中國上市公司營運資金管理調查: 2012 [J]. 會計研究, 2013 (12): 53-59.

[179] 梁鴻儒. 營運資金管理效率對公司績效影響的實證研究——基於渠道管理視角的製造業數據檢驗 [D]. 大連: 東北財經大學, 2014.

[180] 石建中. 關於企業規模與企業績效關係的實證研究 [J]. 中國海洋大學學報（社會科學版），2014（5）：85-91.

[181] 王來. 中小企業融資問題研究 [D]. 上海：復旦大學，2013.

[182] 鄭磊.「寒冬」下的中小企業突圍之路 [J]. 品牌，2008，12：67-69.

[183] 蔣志芬. 中小企業融資的國際經驗與中小企業融資新思維 [J]. 經濟問題，2008（6）：103-105.

[184] 徐力. 城市商業銀行與中小企業融資「雙贏」模式的探討 [J]. 中國市場，2008（18）：34-35.

[185] 付明明. 關係型融資效率研究 [D]. 杭州：浙江大學，2005.

[186] 高友才. 企業融資效率研究 [D]. 武漢：武漢大學，2003.

[187] 袁成杰. 經濟新常態下中小企業融資效率問題研究 [J]. 河北金融，2015（2）：25-26.

[188] 莫迪格利安尼，米勒. 資本成本、公司財務與投資理論 [J]. 美國經濟評論，1958（48）：261-297.

[189] 詹森，麥克林. 公司理論：管理行為、代理成本和所有制結構 [J]. 金融經濟學，1976（4）：305-360.

[190] 邁耶斯. 資本融資的決定因素 [J]. 金融經濟學，1977（5）：147-176.

[191] 史密斯, 華納. 金融締約: 債券契約的分析 [J]. 金融經濟學, 1979 (7): 117-161.

[192] 安德森, 曼西, 力波. 創始家族的所有權和債務的代理成本 [J]. 金融經濟學, 2003 (68): 263-287.

[193] 伍利娜, 陸正飛. 企業投資行為與融資結構的關係 [J]. 管理世界, 2005 (4): 99-105.

[194] 童盼, 陸正飛. 負債融資、負債來源與企業投資行為 [J]. 經濟研究, 2005 (5): 75-85.

[195] 邁克爾·詹森. 自由現金流量的代理成本、公司財務與收購 [J]. 美國經濟評論, 1986 (3): 323-329.

[196] M. J. 康勇, K. J. 墨菲. 在美國和英國, CEO 的薪酬是王子與乞丐的區別嗎? [J]. 經濟學雜誌, 2000 (10): 640-671.

[197] 托馬斯·瓦格納·貝茨. 資產出售、投資機會及所得款項用途 [J]. 財政雜誌, 2005 (1): 105-135.

[198] 段小華, 魯若愚. 企業能力的競爭績效評價指標及模型 [J]. 經濟師, 2002, 1 (5): 193-194.

[199] 李志軍, 龍健華. 銀行持股與公司投資決策優化效應——基於深滬 A 股上市公司經驗數據 [J]. 雲南財經大學學報, 2012 (6): 82-90.

[200] 李志軍, 李明賢. 銀行持股、投資效率與公司價值 [J]. 雲南財經大學學報, 2012, (4): 97-104.

[201] HERMALIN B E, WEISBACH M S. Boards of direc-

tors as an endogenously determined institution: A survey of the economic literature [R]. National bureau of economic research, 2001: 7-26.

[202] EISENBERG T, SUNDGREN S, WELLS M T. Larger board size and decreasing firm value in small firms [J]. Journal of financial economics, 1998, 48 (1): 35-54.

[203] CARLINE N F, LINN S C, YADAV P K. Operating performance changes associated with corporate mergers and the role of corporate governance [J]. Journal of banking & finance, 2009, 33 (10): 1829-1841.

[204] 張必武, 石金濤. 董事會特徵、高管薪酬與薪績敏感性 [J]. 管理科學, 2005 (4): 32-39.

[205] 杜興強, 王麗華. 企業家激勵約束與國有企業改革 [J]. 集團經濟研究, 2007 (1): 59-61.

[206] 付犇. 房地產上市公司高管薪酬與公司績效的實證分析 [J]. 金融經濟, 2010, (8): 18-19.

[207] GROSSMAN S J, HART O D. The costs and benefits of ownership: a theory of vertical and lateral integration [J]. Journal of political economy, 1986 (4): 691-719.

[208] 王善平, 李志軍. 銀行持股、投資效率與公司債務融資 [J]. 金融研究, 2011 (5): 184-193.

[209] 潘琰, 程小可. 上市公司經營業績的主成分評價方法 [J]. 會計研究, 2000 (1): 31-35.

[210] 張俊瑞,賈宗武,孫玉梅.盈利能力的因子分析[J].當代經濟科學,2004,26(6):53-59.

[211] 張紅,林蔭,劉平.基於主成分分析的房地產上市公司盈利能力分析與預測[J].清華大學學報(自然科學版),2010,50(3):37-40.

[212] 李寶寶,黃壽昌.國有企業管理層在職消費的決定因素及經濟後果[J].統計研究,2012(6):76-81.

[213] 陳冬華,陳信元,萬華林.國有企業中的薪酬管制與在職消費[J].經濟研究,2005(2):92-101.

[214] JENSEN M, MECKLING W. Theory of the firm: managerial behavior, agency costs, and ownership structure [J]. Journal of financial economics, 1976 (3): 305-360.

[215] FAMA, EUGENE F. Agency problem and the theory of the firm [J]. Journal of political economics, 1980, 88 (4): 288-307.

[216] HART, OLIVER D. Financial contracting [J]. Journal of economic literature, 2001, 39 (4): 1079-1100.

[217] DAVID YERMACK. Flight s of fancy: Corporate jets, CEO perquisites, and inferior shareholder returns [R]. Working Paper, S SRN, 2005.

[218] 羅宏,黃文華.國企分紅、在職消費與公司業績[J].管理世界,2008,(9):139-148.

[219] RAGHURAM G RAJAN, JULIE WULF. Are perks

purely managerial excess? [R]. Working Paper, S SRN, 2004.

[220] MCCONNELL J, HENRI S. Equity ownership and the two faces of debt [J]. Journal of financial economics, 1995 (1): 131-157.

[221] MARA FACCIO, LARRY H P LANG, LESLIE YOUNG. Debt and expropriation [R]. SSRN working paper, 2001.

[222] 王滿四. 上市公司負債融資的激勵效應實證研究——針對經理人員工資和在職消費的分析 [J]. 南方經濟, 2006 (7): 65-74.

[223] 羅進輝, 萬迪昉. 大股東持股對管理者過度在職消費行為的治理研究 [J]. 證券市場導報, 2009 (6): 64-70.

[224] 陳冬華, 梁上坤. 在職消費、股權制衡及其經濟後果——來自中國上市公司的經驗證據 [J]. 上海立信會計學院學報, 2010 (1): 19-27.

[225] 陳冬華, 梁上坤, 蔣德權. 不同市場化進程下高管激勵契約的成本與選擇: 貨幣薪酬與在職消費 [J]. 會計研究, 2010 (11): 56-65.

[226] SHLEIFER A, VISHNY R. A survey of corporate governance [J]. Journal of finance, 1997 (52): 737-783.

[227] 盧銳, 魏明海, 黎文靖. 管理層權力、在職消費與產權效率——來自中國上市公司的證據 [J]. 南開管理評

論, 2008 (11): 85-92.

[228] 吳冬梅, 莊新田. 所有權性質、公司治理與控制權私人收益 [J]. 管理評論, 2010 (7): 53-60.

[229] RAJAN R, WULF J. Are perks purely managerial excess? [J]. Journal of financial economics, 2006 (79): 1-33.

[230] 李焰, 秦義虎, 黃繼承. 在職消費、員工工資與企業績效 [J]. 財貿經濟, 2010 (7): 60-68.

[231] GROSSMAN S J, HART O D. The costs and benefits of ownership: a theory of vertical and lateral integration [J]. Journal of political economy, 1986 (4): 691-719.

[232] 王善平, 李志軍. 銀行持股、投資效率與公司債務融資 [J]. 金融研究, 2011 (5): 184-193.

[233] 李志軍, 龍健華. 銀行持股與公司投資決策優化效應——基於深滬 A 股上市公司經驗數據 [J]. 雲南財經大學學報, 2012 (6): 82-90.

[234] 樹友林. 高管權力、貨幣報酬與在職消費關係實證研究 [J]. 經濟學動態, 2011 (5): 86-89.

[235] ANG J S, COLE R A, LIN J W. Agency costs and ownership structure [J]. The journal of finance, 2005 (1): 81-106.

[236] 呂長江, 金超, 韓慧博. 上市公司資本結構、管理者利益侵占與公司業績 [J]. 財經研究, 2007 (5): 50-61.

[237] 王兵，盧銳，徐正剛．薪酬激勵治理效應研究——基於盈餘質量的視角［J］．山西財經大學學報，2009（7）：67-73．

[238] 陳震，丁忠明．高管報酬契約與心理契約互補效應研究——基於上市公司經驗分析［J］．商業經濟與管理，2010（12）：38-45．

[239] 辛清泉，譚偉強．市場化改革、企業業績與國有企業經理薪酬［J］．經濟研究，2009（11）：68-81．

[240] 徐寧，王卯．EVA對央企在職消費影響的實證分析［J］．國際商務財會，2013（2）：80-85．

[241] 夏冬林，朱松．獨立董事報酬的決定因素與公司治理特徵［J］．南開管理評論，2005（8）：85-96．

[242] MICHAEL C, JENSEN. Agency costs of free cash flow、corporate finance、and takeovers［J］. American economic review, 1986 (2)：323-329.

[243] 李寶寶，黃壽昌．國有企業管理層在職消費的決定因素及經濟後果［J］．統計研究，2012（6）：76-81．

[244] 李增泉，孫錚，王志偉．「掏空」與所有權安排——來自中國上市公司大股東資金佔用的經驗證據［J］．會計研究，2004（12）：3-13．

[245] 陽勇，謝智．銀行持股對企業債務融資影響的實證研究［J］．商業會計，2013，5（9）：31-34．

[246] 於海雲，王則斌．大股東佔款對上市公司可持續

經營能力影響的實證研究 [J]. 財會通訊·綜合, 2011, 2 (下): 70-72.

[247] 梅峰, 鄧立麗. 大股東占款對上市公司效率的影響 [J]. 上海經濟研究, 2007 (4): 50-55.

[248] 王琨, 肖星. 機構投資者持股與關聯方占用的實證研究 [J]. 南開管理評論, 2005, 8 (2): 27-33.

[249] 王偉中, 房漢廷, 邵學清. 科技與金融的結合 [J]. 中國科技論壇, 2010 (12): 5-9.

[250] 束蘭根. 科技金融融合模式與科技型中小企業發展研究 [J]. 新金融, 2011 (6): 22-26.

[251] 陳康. 基於民營中小型企業融資難京下民間資本融資平臺的構建 [J]. 中國商界, 2011 (11): 54-55.

[252] ROBERS KALAN, ANTHONY A ATKINSON. Senior management acconting [M]. Publshing House of Northeast University of Finance and Ecnomics, 1999.

[253] 孫海鵬. 對企業獲利能力分析的幾點思考 [J]. 江蘇經貿職業技術學院學報, 2004 (2).

[254] 張曉芳. 企業盈利能力評價指標完善及綜合運用 [D]. 武漢: 中南財經政法大學, 2008.

[255] 朱洪勝. 淺析中國上市公司財務報表分析 [J]. 學術期刊, 2009.

[256] 李桂榮, 張志英, 張旭蕾. 財務報告分析 [M]. 北京: 清華大學出版社, 2010.

後　記

　　《債轉股的公司治理效應研究》這本專著根據我的博士論文改編而來。光陰似箭，彈指一揮間，五年的生活很快結束。這短暫的五年是我整個求學生涯中收穫最大、最富挑戰的五年，我收穫的不僅是知識，還切實領悟了研究的真諦。這短暫的五年也是我人生中一段美好的時光，讓我充分享受了研究、學習和生活的樂趣。

　　專著付梓之際，感觸頗多，心中充滿了感恩之情。首先是向我的恩師王善平教授致以深深的謝意！恩師為我的學業和成長傾註了大量的心血，他在學業上悉心指導，生活上關心備至，工作上熱情鼓勵，幫助我度過了緊張、充實而富有成效的五年研究生活。從本書的選題、構思、修改，直至最後的定稿審閱，每一個環節都傾註了導師大量

的心血，本書得以順利完成與導師的悉心指導和幫助是密不可分的。在跟隨導師攻讀博士學位的這五年中，導師在思想、學習、科研以及生活等各個方面都給予了我無微不至的關懷，不僅有指導，更有包容和鼓勵。導師傳授給我的不僅僅是豐富的理論知識，還有孜孜以求、一絲不苟的科學精神，以及待人接物、為人處事的道理。導師淵博的學識、嚴謹的學風、科學求實的態度，無時不在鞭策著我，使我不敢有所懈怠，在學業上不斷探索、深入研究，以期不辜負老師的厚望。導師為人謙遜、平易近人的品格是我做人做事的楷模，是我一生享用不盡的財富，在此向王善平教授致以崇高的敬意和衷心的感謝。

由於我水準有限，書中的錯誤和缺點在所難免，敬請同行專家批評指正。

李志軍

國家圖書館出版品預行編目（CIP）資料

債轉股的公司治理效應：以中國國有事業為例 / 李志軍 編著. -- 第一版.
-- 臺北市：財經錢線文化, 2020.05
　　面；　　公分
POD版

ISBN 978-957-680-435-9(平裝)

1.債法 2.企業管理 3.中國

584.37　　　　　　　　　　　　　　109006941

書　　名：債轉股的公司治理效應：以中國國有事業為例
作　　者：李志軍 編著
發 行 人：黃振庭
出 版 者：財經錢線文化事業有限公司
發 行 者：財經錢線文化事業有限公司
E - m a i l：sonbookservice@gmail.com
粉絲頁：　　　　　　網址：
地　　址：台北市中正區重慶南路一段六十一號八樓 815 室
8F.-815, No.61, Sec. 1, Chongqing S. Rd., Zhongzheng
Dist., Taipei City 100, Taiwan (R.O.C.)
電　　話：(02)2370-3310 傳　真：(02) 2388-1990
總 經 銷：紅螞蟻圖書有限公司
地　　址：台北市內湖區舊宗路二段 121 巷 19 號
電　　話:02-2795-3656 傳真:02-2795-4100　　網址：
印　　刷：京峯彩色印刷有限公司（京峰數位）

　本書版權為西南財經大學出版社所有授權崧博出版事業股份有限公司獨家發行電子書及繁體書繁體字版。若有其他相關權利及授權需求請與本公司聯繫。

定　　價：460 元
發行日期：2020 年 05 月第一版
◎ 本書以 POD 印製發行